Dr. Michaela Pieringer
MONDENVOLK
DIE GROSSE SUCHE
KLECKS VERLAG

Dr. Michaela Pieringer

Mondenvolk

Die grosse Suche

Fantasy-Roman

Gewidmet
Leopold, Alexander und Johann

Inhalt

1. Die Ratsversammlung

Heute trat der Große Rat zusammen. Aus allen Gebieten Mondes strömten schon seit Wochen die Botschafter in die Hauptstadt Lunaria. Unermüdlich waren die Verkünder unterwegs, um die Einladungen bis in die letzten Winkel des Reiches zu bringen. Die Verkünder waren seit jeher männliche Flics, die sehr schnell laufen konnten und nicht ermüdeten. Sie brauchten nur vier Stunden Schlaf pro Tag. Leider gab es nicht mehr viele männliche Flics, deshalb wurden erstmals auch weibliche zu Verkündern ernannt. Jeder von ihnen bekam eine Kette mit dem Emblem der Hauptstadt; ein Auge auf ehemals silbernem Grund. Jetzt war es schwarz, wie alles hier. Alle Lebewesen, Tiere und Pflanzen und auch das Gestein. Nachdem ES geschah, gab es nur noch schwarz und weiß, alles wirkte fahl und unecht. Nur noch wenige Bewohner Mondes erinnerten sich an die Zeit davor. Damals gab es noch alle Farben und die Sonne schien warm vom Himmel. Jetzt war alles düster, und sogar die Sonnenstrahlen waren grau. Aber über ES wurde nicht gesprochen. ES zu erwähnen, war verboten. Eine Regel, die niemand zu brechen wagte. So wussten nur noch sehr wenige Leute, was damals geschah. Diejenigen jedoch, die sich noch erinnern konnten, an die Zeit vor ES, voller Farben, voller Freude und Glück, waren schon sehr alt und dem Tode sehr nah. Bald würde diese Zeit vollends in Vergessenheit geraten. Nur in den Erzählungen der Großmütter lebte diese schöne Zeit, in der sie aufgewachsen waren, weiter. Sie sprachen von blauen Wassern, grünen Wäldern und Wiesen voller bunter, duftender Blumen, den farbenfrohen Schmetterlingen, Käfern und anderen Tieren, und natürlich von der goldenen, alles erwärmenden Sonne. Auch die Völker Mondes hatten ihre eigenen Farben, doch als ES passierte, waren alle Farben verschwunden. Die Kinder konnten sich die Zeit vor ES nicht richtig vorstellen, sie liebten aber die Erzählungen sehr.

Seit Wochen schon platzte die Hauptstadt aus allen Nähten. Sämtliche Quartiere waren belegt. In den Straßen herrschte dichtes Gedränge. Noch mehr Wesen konnte Lunaria beim besten Willen nicht aufnehmen, da es bereits jetzt mehr Gäste als Einwohner gab. In den engen, alten Gassen trafen die unterschiedlichsten Gestalten und Charaktere aufeinander, die sonst nie den Weg in die Hauptstadt fanden, ja, oft nicht einmal ihr eigenes Reich verließen.

Da gab es die durchsichtigen, kleinen Albinos, die in den dunklen Höhlen der Nordwand lebten, und nur sehr selten herauskamen. Sie liebten es, Wanderer zu erschrecken und in die Irre zu führen. Auch sie waren schwarz. Es war ein zartes Schwarz, und wenn jemand behaupten sollte, dass es kein durchsichtiges Schwarz gab, so wurde er hier eines Besseren belehrt.

Dann gab es die großen, kräftig gebauten Vacs. Sie lebten in den Tiefen Wäldern. Diese Wälder waren ebenso wie die Vacs selbst schwarz. Nicht nur die Bäume, mit ihren großen Blättern, die manchmal zusammengerollt und zu spitzen Nadeln umgeformt waren, sondern auch das Moos und der Waldboden. Alles war schwarz, als ob es Ruß geregnet hätte und dieser dann liegen geblieben wäre.

Die Vacs selbst waren die wohl schwärzesten Lebewesen auf dieser Welt. Selbst in der dunkelsten Nacht konnte man sie als dunkle Flecken erkennen, die sich von der ohnehin tiefschwarzen Umgebung abhoben.

Die Vacs waren blind. Sie brauchten auch kein Augenlicht, da sie nachtaktiv waren und man zu dieser Zeit in den Wäldern sowieso nicht viel erkennen konnte, ja, nicht einmal die eigene Hand vor Augen sah. Stattdessen hatten sie einen ausgeprägten Tast- und Geruchssinn, und so gelang es ihnen stets, ihre Beute – Mäuse und andere kleinere Tiere – zu finden. Verwunderlich war es, dass sie niemals mit einem Baum oder anderen Hindernissen, die es im Wald in Hülle und Fülle gab, zusammenstießen.

Auch am Tage war es dunkel in diesen Wäldern. Die Bäume standen so dicht nebeneinander, dass sie keine Sonnenstrahlen, ja nicht einmal das Tageslicht durchließen. Es war völlig unmöglich, Einzelheiten zu erkennen. Man konnte nur die Umrisse erahnen. Es hätte also keinen Sinn, wenn die Vacs sehen könnten, viel wichtiger waren ihre anderen Fähigkeiten.

Die Houks lebten in den Lüften und schliefen auch dort oben. Eigentlich ist es verwunderlich, dass noch nie zwei schlafende Houks zusammengestoßen waren. Sie waren grau, und zwar so grau wie die Luft, sodass man sie kaum erkennen konnte. Man sah sie erst, wenn sie sich gegen die schwarzen Wolken abhoben. Die Houks waren die einzigen, die von der Luft allein leben konnten. Sie nahmen diese Luft mit ihrem ganzen Körper auf und bewegten sich wellig wie ein Papierdrache. Sie waren sehr dünn und flach wie ein Brett und sahen aus wie Vögel mit einem menschlichen Gesicht, die plattgedrückt worden waren. In der Luft aber wirkten sie sehr anmutig.

Die Barris hatten Flossen und lebten im Land der Tausend Seen auf dem Grund der dunklen Tiefen. Das Wasser war nicht blau, sondern schwarz. Es war ein trübes Schwarz, so als blicke man in ein tiefes Loch, aus dem die Schaumkronen herausschlugen wie aufsteigende Rauchfahnen. Der Vertreter der Barris reiste in einem großen Schwimmbassin an, das von vier Pferden aus den Pferdeherden des Ostens gezogen wurde. Er konnte nämlich keine Luft atmen. Die Barris lebten vom Plankton des Wassers, das sie mit ihren Kiemen herausfilterten, und vom Sauerstoff des Wassers. Sie hatten unter Wasser große Städte gebaut, die erst wenige der Landbewohner betrachten konnten. Und die, die sie gesehen hatten, gelangten normalerweise nicht mehr an die Oberfläche. Nur einigen wenigen war es gelungen, und diese hatten versprechen müssen, dass sie nichts von der Welt am Grund der Tausend Seen erzählten. Die Barris unterhielten sich mit Hilfe von Luftblasen, die sie mit Worten füllten und sich zuspielten. Hier auf dem Land schickte der Vertreter der Barris die Luftblasen an die

Oberfläche, wo sie zerplatzten und seine Worte, allerdings leicht verzerrt, hörbar wurden. Seine Gesprächspartner mussten ihm sehr aufmerksam zuhören, damit sie ihn verstanden. Ihre Antworten mussten sie ebenfalls in Luftblasen füllen und sie dem Barri zuschicken. Dafür verwendeten sie extra große Strohhalme. Es erforderte etwas Übung, bis dies auch richtig klappte.

Adulesci von den Albinos kam als einer der letzten Vertreter am Tag der Großen Ratsversammlung nach Lunaria. Er war sehr klein wie alle Albinos. Es gab nur sehr wenige, die größer als eineinhalb Meter wurden. Adulesci selbst war eigentlich noch ein Kind, knapp einen Meter groß. Es wunderte ihn, dass die Albinos ausgerechnet ihn ausgewählt hatten. Sein Urgroßvater war auf der letzten Ratsversammlung vor 111 Jahren als Vertreter dabei gewesen – das war damals, als ES geschah. Vielleicht dachten ja die Albinos, dass er in die Fußstapfen seines Urgroßvaters schlüpfen sollte. Sein Großvater und Vater waren bereits tot und deshalb war wohl die Wahl auf ihn gefallen. Jedenfalls würde er seinem Volk alle Ehre machen. Wie alle Albinos hatte auch er leicht wirres, ehemals silbernes, nun graues Haar. So fein wie Spinnenweben bedeckte es seinen Kopf und reichte bis zu den Ohren. Fast konnte man meinen, Adulesci sei in irgendeine dunkle alte Ecke hineingeraten und die Spinnenweben, die sich dort in all den Jahren angesammelt hatten, wären auf seinem Kopf hängen geblieben. Sein Gesicht war sehr bleich und unterstrich die dunkle, fast schwarze Farbe seiner Augenbrauen. Die Augen selbst waren tiefschwarz und blickten im Moment neugierig umher. Adulesci trug, wie alle Albinos eine schwarze Hose, ein schwarzes Hemd und einen langen schwarzen Umhang, der ihm bis zu den Knien reichte. Eigentlich hätten sie ebenso gut helle Kleidung tragen können, aber da es in ihren Höhlen stets dunkel war – bis auf die wenig erleuchteten Plätze wie den Königssaal –, war es ganz egal, was sie trugen. Die dunkle Kleidung stellte sich vielmehr als sehr praktisch heraus, da man an ihr den Schmutz nicht so leicht sah. Das einzig wirklich Besondere bildeten die Hände der Albinos. Es waren schmale, zarte, fast durchsichtige Hände, welche die Aufmerksamkeit der anderen Wesen Mondes auf sich zogen. Sie waren flink und schienen ein eigenes Leben zu führen. Ständig bewegten sie sich und unterstrichen die Worte ihres Herrn. Es hieß, die Albinos redeten mit ihren Händen, nicht mit ihren Lippen.

Heute betrat Adulesci das erste Mal in seinem Leben die Hauptstadt. Er kam durch das große Nordtor, das ihn allein schon durch die Größe sehr beeindruckte. Er schätzte die Höhe auf gut zehn Meter, jedoch hatte er keine Erfahrung im Schätzen von Höhen. Bisher kannte er ja nur die engen Höhlen im Nordgebirge. An diesem Tag war besonders viel los auf der Straße, und so hatte sich schon eine lange Schlange gebildet, die darauf wartete, das Nordtor passieren zu dürfen. Adulesci stellte sich an, und als er sich umwandte, sah er, wie immer mehr Wesen auf das Tor zuströmten – wie eine große Schlange, deren Ende er nicht mehr erkennen konnte.

»Viel Verkehr heute«, sagte der Mann vor Adulesci und drehte sich zu ihm um. »Übrigens ich heiße Krak und bin hier, um meine Waren auf dem Markt zu verkaufen. Heute ist nämlich Markttag.«

»Ich heiße Adulesci ...«, irgendetwas im Gesicht des anderen hielt ihn davor zurück ›... und bin der Vertreter der Albinos bei der Großen Ratsversammlung‹ hinzuzufügen.

»Heute findet die Große Ratsversammlung statt«, wandte sich Krak vertraulich an Adulesci und hielt ihm am Arm fest. »Zum ersten Mal nach 111 Jahren.«

»Wirklich?« Adulesci wollte sich aus Kraks Griff befreien, aber dieser ließ nicht locker. Er baute sich vielmehr vor ihm auf und urteilte abfällig: »Diese Ratsversammlung bringt sowieso nichts. Das ist alles Theater. Ich finde, dass endlich Schluss damit gemacht werden sollte!« Krak blickte Adulesci nun eindringlich mit wild funkelnden Augen an.

Adulesci spürte, wie Kraks Griff ihm das Blut abschnürte.

»Womit soll Schluss gemacht werden?«, fragte der Albino von der Situation völlig überrumpelt.

»Mit der Herrschaft des Letzten Weisen, womit denn sonst?«, fauchte Krak leise, aus Angst davor, dass ihn jemand hören könnte. Denn was er da sagte, war ungeheuerlich!

Adulesci starrte ihn schockiert an. So etwas war ihm noch nie passiert. Da wollte einer doch tatsächlich den Letzten Weisen stürzen! »Es ist besser, wenn Sie wieder vernünftig werden und sich nicht solche dummen Gedanken in den Kopf setzen«, schlug Adulesci vor und versuchte, das Zittern in seiner Stimme zu unterdrücken:

»Gehen Sie nach Hause und überlegen Sie sich das Ganze noch einmal.«

»Das ist zwecklos«, hörte Adulesci eine Stimme hinter sich.

»Schon wieder so einer!«, sagte Krak mit unheimlich ruhiger Stimme, doch in seinen Augen loderte ein eigenartiges Feuer. Dann plötzlich zückte er sein Messer aus der Gürtelscheide – dem Albino war die Waffe bisher noch gar nicht aufgefallen – und hielt es dicht vor Adulescis Kehle.

›Er ist verrückt!‹, dachte Adulesci und fühlte, wie Panik in ihm aufstieg. Instinktiv wusste er, dass Krak jeden Moment zustoßen konnte. Er versuchte, ruhig zu bleiben und bereitete sich darauf vor, dem tödlichen Messerstich auszuweichen. Da hörte er Krak plötzlich schmerzvoll aufschreien und sah das Messer aus kraftloser Hand zu Boden gleiten.

Es war alles sehr schnell gegangen. Adulesci betrachtete den Mann, der Krak entwaffnet und ihm damit das Leben gerettet hatte. Er war groß, ziemlich hager und bewegte sich schnell und geschmeidig. Durch das dünne, enganliegende Gewand konnte man seinen durchtrainierten Körper erkennen.

»Ich bin Tass«, sagte der Fremde.

»Wir müssen diesen Vorfall sofort melden«, drängte der Albino.

Tass hatte Krak immer noch fest im Griff. Das Feuer in Kraks Augen war erloschen, er blickte vielmehr äußerst verwirrt drein.

»Was ist passiert?«, fragte er Tass und Adulesci.

Tass lächelte ihn an und sagte: »Sie haben Ihr Messer verloren.« Er hob es auf und hielt es Krak hin.

Adulesci spürte, wie ihm Schweißperlen auf die Stirn traten. Tass wird Krak doch nicht wirklich das Messer zurückgeben?

Tass hatte die Bedenken des Albinos wohl gespürt. Er zögerte und meinte zu Krak: »Vielleicht ist es besser, wenn ich das Messer einstweilen behalte.«

Krak nickte verständnislos, drehte sich um und ging davon. Seine Waren, die er auf dem Markt hatte verkaufen wollen, ließ er achtlos zurück.

Erst jetzt wurde Adulesci richtig bewusst, in welcher Gefahr er sich befunden hatte, und er fing an, am ganzen Körper zu zittern. Ihm wurde schwindlig und schwarz vor Augen und er musste sich setzen.

Tass sah ihn besorgt an. »Das war wohl das erste Mal in deinem Leben«, stellte er trocken fest, »dass du einem Verrückten begegnet bist.«

»Gibt es etwa mehr von dieser Sorte?«, fragte Adulesci. »Mir reicht der eine vollkommen.«

»Das glaube ich dir.« Tass lachte, wurde aber schnell wieder ernst. »Immer mehr Leute werden verrückt. Es ist das ewige Schwarz, die Einöde, die in die Köpfe kriecht und sich dort ausbreitet. Es ergreift von ihnen Besitz und treibt sie in den Tod. Zuerst lehnen sie sich dagegen auf, doch dann zerstört das Schwarz langsam das Gehirn, bis sie schließlich aufgeben und andere oder sich selbst töten.«

»Aber das ist ja furchtbar!«, sagte Adulesci. »Früher oder später wird es kein einziges Lebewesen mehr im ganzen Reich geben. Es muss etwas unternommen werden. Wir müssen eine Lösung finden!«

Tass entgegnete: »Ich bin auf dem Weg zur Großen Ratsversammlung und werde diese Thematik dort zur Sprache bringen. Du hast doch sicherlich auf dem Weg zur Hauptstadt die toten Tiere gesehen? Man findet sie bereits überall.«

»Ja«, antwortete Adulesci, »aber ich habe mir nicht erklären können, warum sie gestorben sind. Haben sie auch Selbstmord begangen?«

»Ja, es ist erstaunlich, wie einfallsreich die Tiere in dieser Beziehung sind. Sie springen in Abgründe, manche laufen freiwillig in die Fallen der Jäger und andere lassen sich sogar erschießen«, erklärte Tass bitter.

Sie hatten währenddessen das Nordtor erreicht, und Tass zeigte einem der Wächter seine Einladung zur Großen Ratsversammlung. Auch Adulesci reichte ihm seine. Nachdem sie die Karten wieder eingesteckt und das Tor passiert hatten, fragte Tass erstaunt: »Du bist ein Vertreter?«

»Ja, ich bin der Vertreter der Albinos, und du?«

»Ich bin kein Vertreter, ich bin ein Beauftragter. Der Letzte Weise hat mich beauftragt, die Auswirkungen der schwarzen Einöde auf die Völker Mondes zu untersuchen. Nun, du kennst meine Ergebnisse und hast sie selbst erlebt.«

Sie gingen zusammen in Richtung Hauptplatz. Interessiert sah sich Adulesci um. Es war das erste Mal, dass er Lunaria betrat und alles war neu und aufregend für ihn. Er beobachtete das bunte Treiben in den Straßen. Nach einer Weile gelangten sie zum Marktplatz. Es gab viele

Stände und es wurden Waren angeboten, die Adulesci noch nie gesehen hatte. Dort gab es die verschiedensten Früchte und Gemüsesorten, wunderbare Schmiedearbeiten: Schmuck, Waffen und Haushaltsgeräte für die unterschiedlichsten Lebewesen Mondes. Riesengroße Schwerter für die Taaren und ganz kleine für die Mahlen, die nur einen halben Meter groß wurden. Tass, der schon öfter hier gewesen war, und alles zu kennen schien, erklärte Adulesci alles, was dieser wissen wollte. Er zeigte ihm die feinen Filigranarbeiten der Kunstspinner und die wunderschönen Stoffe der Seidenspinner. Natürlich war alles farblos, aber Adulesci hatte noch nie so viele Grautöne auf einmal gesehen. Da gab es Schmuckstücke, so schwarz wie die Bäume in den Tiefen Wäldern und dann wieder fast graue Perlen. Er hörte die lauten Stimmen der Marktfrauen, die ihre Waren anpriesen und zum Kauf aufforderten und die Schreie der Kinder, die zwischen den Marktständen herumliefen und spielten.

»Los komm!«, rief Tass Adulesci zu, der kurz stehen geblieben war, um sich einige besonders schöne Schmuckstücke anzusehen. Tass war schon ein ganzes Stück von ihm entfernt, und so beschloss Adulesci hier noch einmal herzukommen, wenn er mehr Zeit hätte. Schnell drängte er sich durch die dichte Menschenmenge, um seinen Gefährten einzuholen.

»Das ... das ist einfach fantastisch. Ich habe noch nie so viele verschiedene Waren auf einmal gesehen«, sagte Adulesci zu Tass, der ihm zulächelte.

Sie überquerten einen Platz und bogen in die Handelsstraße ein, die direkt in die Palaststraße mündete. Adulesci betrachtete aufmerksam und erstaunt die großen und schönen Häuser der Handelsherren, die dort wohnten. Als Höhlenbewohner konnte er sich nicht vorstellen, dass hier jemand freiwillig sein Leben verbrachte. Alle Häuser waren natürlich schwarz, aber was für ein kostbares Schwarz! Die Türen und Fenster waren mit verschiedensten Edelsteinen verziert, die wunderbare Muster bildeten. Adulesci war verblüfft.

›Die Menschen hier müssen sehr reich sein‹, dachte er.

»Die Handelsherren sind die reichsten und angesehensten Leute in der Stadt«, erklärte Tass, »und sie haben einen guten Geschmack.«

Er zeigte dem Albino die vielen feinen Filigranarbeiten, die die Fassaden der Häuser zierten, sodass diese ganz zerbrechlich wirkten. Alles bildete eine Einheit. Die Verzierungen stellten die Handelsherren und ihre Familien dar und oft auch wichtige Stationen in ihrem Leben. Da gab es Szenen von Hochzeiten und Geburten und seltener von Begräbnissen. Oft waren auch Feste zu sehen. Im Mittelpunkt standen Leute, die Adulesci nicht kannte, die aber hohes Ansehen genossen, wie Tass erklärte.

Er drängte den Albino weiterzugehen und bald schon hatten sie die Palaststraße erreicht, die sich in einem geschwungenen Bogen wie eine Wendeltreppe zum Palast erstreckte. Dieser stand auf einer Anhöhe, auf nacktem schwarzen Fels. Den Palast konnte man schon von hier unten sehen, wo die beiden standen.

Adulesci hatte noch nie etwas so Schönes gesehen. Anmutig reckte der Palast seine Türme in den mit dunklen Wolken verhangenen Himmel, und es kam ihm so vor, als ob er ihm sagen wollte: ›Komm her und sieh meine Schönheit, auf dass du sie nie vergessen mögest.‹

Er war aus dem kostbarsten Stein des ganzen Reiches gebaut, aus dem Mondstein. Diesen fand man nur sehr selten und nur an ganz bestimmten Tagen. Es musste viel Zeit vergangen sein, bis der Palast fertiggestellt worden war.

»150 Jahre hat es gedauert, bis er fertig war«, sagte Tass, »und früher war er nicht grau, so wie nichts auf diesem

Planeten farblos war. Er war weiß. Es war das schönste Weiß, das man je gesehen hat. Er schimmerte in einem milchig-seidigen Glanz, selbst in der Nacht. So heißt es in einer Legende.«

Sie gingen die Straße entlang, die in einem sanften Bogen anstieg, und je höher sie hinaufkamen umso deutlicher konnten sie den Palast erkennen. Viele andere Vertreter und Beauftragte aus dem ganzen Reich, die zur Großen Ratsversammlung geladen waren, gingen heute die Palaststraße entlang. Als sie den Palast fast erreicht hatten, konnten sie die Muster erkennen, die im Mondstein eingeritzt waren.

»Das hier stellt eine Szene auf dem Meer dar, und dies hier sind die Tiefen Wälder, und dort drüben ist meine Lieblingsszene: die großen Pferdeherden des Ostens.«

Erst jetzt fiel Adulesci auf, dass die ganzen Verzierungen riesige Szenen darstellten, so wie Tass sie gerade beschrieben hatte. Alle Einzelheiten waren liebevoll herausgearbeitet. Staunend betrachtete er sie und er war verwundert über die vielen verschiedenen Lebewesen des Reiches, die hier abgebildet waren. Er entdeckte sogar eine Szene, die die Höhlen der Albinos darstellte. Den Mittelpunkt bildete ein Thron, auf dem ein König der Albinos in einem reich verzierten Mantel saß. Rundherum standen Männer, Frauen und Kinder – in tiefer Ehrfurcht gefangen.

Adulesci wusste, dass der Mondstein äußerst hart und damit schwer zu bearbeiten war. Dennoch waren alle Szenen bis ins kleinste Detail herausgearbeitet worden.

Wie lange die Steinmetze wohl daran gearbeitet haben mochten?

Die Menschenmasse kam nur langsam vorwärts, und so konnten sie die riesigen Szenen aus dem ganzen Reich in Ruhe betrachten. So wurde ihnen auch nicht langweilig, denn sie mussten einige Zeit warten, bis sie den Palast endlich betreten konnten.

Im Inneren war es sehr dunkel. Sie brauchten einige Zeit, bis sich ihre Augen an die Finsternis gewöhnt hatten. Adulesci war enttäuscht. Er hatte damit gerechnet, dass der gesamte Palast reich verziert und geschmückt wäre, aber er hatte nicht erwartet, dass er ganz dunkel war. Das sagte er auch zu Tass.

»Er ist auch reich verziert und geschmückt«, entgegnete dieser, »und finster ist es nur, weil es kein Licht auf Mond gibt, das diesen Palast ausleuchten könnte. Doch wenn du ganz genau hinsiehst, kannst du die kleinen Lichter erkennen, die unseren Weg markieren. Früher, als der Mondstein noch weiß war, wurde der ganze Palast durch sein Schimmern erleuchtet.«

Sie gingen den durch verschiedenste Lichtquellen markierten Weg entlang. Langsam gewöhnten sich Adulescis Augen vollends an die Dunkelheit, und da er ein Höhlenmensch war, hatte er besonders lichtstarke Augen. Er konnte nun sogar die Verzierungen erkennen, die sich überall an den dunklen Wänden des Palastes befanden. Auch die Säulen und Treppen konnte er nun sehen. Er erahnte die Schönheit des Palastes, die heute im Verborgenen lag.

»Aber alle Schönheit konnte die Dunkelheit nicht verschlucken. Man kann sie noch erkennen«, meinte Adulesci nun zuversichtlich, »es besteht noch Hoffnung.«

»Es ist nur ein Schatten der Schönheit«, erwiderte Tass traurig. »Ich würde diesen Palast gerne in seinem alten Glanz sehen.«

»Du wirst ihn sehen!«, versuchte ihn Adulesci aufzuheitern.

Kurze Zeit später betraten sie den Großen Ratssaal. Hier war es hell. Es standen und flogen unzählige, verschiedenste Lichtquellen überall im Raum herum. Da gab es Kerzen und Laternen, fliegende Lichter und Lichtwesen und viele andere, die Adulesci nicht kannte.

Fliegende Lichter und Lichtwesen gab es auch im Nordgebirge. Sie leuchteten den Albinos in ihren Höhlen, und die Albinos verehrten sie sehr und passten auf, dass ihnen nichts geschah. Sie waren zu wichtig für sie. Er wusste, dass die Flics, die Verkünder, die Lichter gebeten hatten, in die Hauptstadt zu kommen und heute hier zu leuchten. Viele waren dieser Bitte gefolgt und erhellten heute die Halle.

Adulesci musste sich jetzt von seinem Freund Tass trennen, da die Beauftragten rechts und die Vertreter links ihre Plätze hatten.

Adulesci betrachtete diesen ungewöhnlichen Raum. Der Boden war oval und stellte ein großes Auge dar. In der Mitte des Auges, in der Pupille, befand sich ein erhöhter Platz. Es war kein Thron, wie der Albino erwartet hatte, und auch sonst nicht auffälliger als der Rest des Raumes. Die Decke selbst konnte man nicht erkennen, da die Leuchtkraft der verschiedenen Lichtquellen bei Weitem nicht ausreichte, auch den oberen Teil des Saales zu erleuchten.

Langsam versammelten sich alle fünfhundertachtundachtzig Vertreter der verschiedenen Volksgruppen im Großen Ratssaal, der groß genug war, sodass alle bequem Platz fanden. Sie standen, da es hier keine Sitzgelegenheiten gab, was auch unsinnig gewesen wäre, da die Unterschiedlichkeit der Vertreter speziell angepasste Stühle erfordert hätte.

Interessiert beobachtete Adulesci die verschiedenen Gestalten, die sich leise flüsternd unterhielten und dabei immer wieder auf den erhöhten Platz hinschielten, als ob sie auf etwas warteten. Neben ihm stand eine Frau. Sie hatte langes Haar und ungewöhnliche Gliedmaßen. Die Arme und Beine waren mindestens doppelt so lang wie der Rest des Körpers. Sie trug ein bodenlanges, unten geschlitztes Kleid, das oben weit ausgeschnitten war. Es war reich verziert, und sie hatte den schönsten Schmuck um den Hals, den Adulesci jemals gesehen hatte. Die Kette war so fein, dass man die einzelnen Glieder nicht erkennen konnte, und der Stein war von einem sehr intensiven Schwarz. Er war nicht verziert und genau das machte seine Schönheit aus. Adulesci stellte sich vor und fragte die Fremde, woher sie diesen Schmuck hätte.

»Diesen da«, meinte sie achtlos, »den habe ich selbst gemacht.«

»Er ist wunderschön«, sagte er zu ihr.

»Schön?«, lachte sie. »Das war mein erstes Stück. Damals konnte ich noch nicht verzieren.«

»Gerade das finde ich so schön: diese Schlichtheit.«

Jetzt wurde sie neugierig, doch bevor sie das Gespräch fortsetzen konnten, ging ein Raunen durch die Menge und alle Blicke wandten sich dem Mann zu, der den Saal betrat und würdevoll zu dem erhöhten Platz schritt. Das also war der Letzte Weise.

2. Der Letzte Weise

Er stieg die Stufen zum Thron, wie Adulesci den erhöhten Platz nannte, empor und blieb stehen. Dann wartete er einige Minuten, so dass jeder der Anwesenden genug Zeit hatte, ihn zu betrachten. Er war schon sehr alt, stellte der Albino fest. Sein Haar war milchig und er hatte ein knotiges Gesicht, ebensolche Hände und, wie Adulesci vermutete, war auch sein ganzer Körper dergestalt. Er hielt einen Stock in der Hand, auf den er sich stützte. Dieser bestand aus einem Ast des Heiligen Baumes aus den Wäldern der Vacs. Er war schon sehr alt und wurde seit Urzeit unter den Weisen weitergereicht.

Dreimal schlug der Weise mit seinem Stock auf, dann war absolute Stille im Saal. Seine Haltung war vornehm und weise, sein Gesichtsausdruck gütig. Jetzt begann er zu sprechen. Er hatte eine angenehme, laute und feste Stimme, die Adulesci nicht erwartet hatte.

Der Letzte Weise eröffnete formell die Große Ratsversammlung. Dann ließ er die Beauftragten zu Wort kommen. Tass stand auf und sagte: »Alle Beauftragten sind zum gleichen Ergebnis gekommen. Ich möchte es hier stellvertretend vortragen …« Er berichtete von der Gefahr des Schwarzen, von den Tieren, die den Tod suchten, und davon, dass auch sie nicht verschont blieben, alles, was er Adulesci bereits erzählt hatte.

Als er geendet hatte, ging ein Raunen durch den Saal. Der Letzte Weise klopfte wiederum dreimal mit dem Stab auf den Boden und augenblicklich herrschte wieder Ruhe. Tass sagte zum Abschluss: »Erst heute wieder konnte ich mich zusammen mit einem der Vertreter, ein gewisser Adulesci von den Albinos, davon überzeugen, wie schlimm es um Mond steht. Ich bitte nun Adulesci, uns den Vorfall am Nordtor zu schildern.«

Der Albino stand nervös auf und schritt mit bangem Herzen auf den Thron zu. Er sollte hier oben allen Vertretern und Beauftragten erzählen, wie der verrückte Krak ihn mit dem Messer bedroht hatte?

Langsam ging er Stufe um Stufe hinauf, obwohl er am liebsten weggelaufen wäre. Doch er dachte: ›Ich bin Adulesci von den Albinos, ich bin hier, um mein Volk zu vertreten und ich werde das hier meistern!‹

Er trat vor und erzählte allen Anwesenden von seinem Erlebnis am Nordtor. Zuerst war seine Stimme unsicher, doch als alle ihm gespannt zuhörten, entspannte er sich und berichtete genau, was passiert war. Nachdem er geendet hatte, erfüllte den ganzen Saal ein lautes Stimmengewirr. Alle waren sehr aufgeregt und redeten durcheinander.

Der Letzte Weise klopfte wiederum mit dem Stab auf den Boden. Dennoch dauerte es dieses Mal einige Minuten, bis sich alle beruhigt hatten.

Dann fuhr Tass fort: »Das war keineswegs ein Einzelfall. Überall, in allen Gegenden Mondes, haben wir ähnliche Dinge gesehen. Es ist nur eine Frage der Zeit, bis Mond ganz entvölkert sein wird. Sogar bei den Pflanzen haben wir Anzeichen von Selbstmord gefunden. Die Rosen verlieren ihre Stacheln, damit sie von den Tieren gefressen werden können, und die giftigen Pflanzen ihr Gift. Einige nehmen kein Wasser mehr auf und vertrocknen. So kann es nicht weitergehen! Wir müssen etwas unternehmen!«

»Ja«, der Letzte Weise ergriff wieder das Wort, »uns bleibt nur eine einzige Möglichkeit: Wir müssen die Helle Seite Mondes finden!«

Wieder erhob sich im ganzen Saal lautstarkes Gemurmel. Die Helle Seite, was war das? Und dann sagte der Letzte Weise das Ungeheuerlichste, was sie je gehört hatten: »Bevor ES geschah, gab es zwei Seiten hier auf Mond. Die Helle Seite und die Dunkle. Aber die Helle Seite kam uns abhanden und mit ihr gingen alle Farben verloren ...«

Laute Schreie unterbrachen die Rede des Letzten Weisen. »Er hat ES erwähnt. Er hat die Regel gebrochen!«

»Die Lage ist zu ernst, um diese Regel aufrechtzuerhalten«, entgegnete der Letzte Weise milde. Er war erstaunt, dass es den Weisen so gut gelungen war, in der Bevölkerung zu verankern, dass ES nicht erwähnt werden durfte. Sogar angesichts dieser äußerst gefährlichen Lage herrschte ein großes Unbehagen, wenn er ES erwähnte.

»Ich beauftrage Adulesci, die Helle Seite zu finden. Ich lege das Schicksal Mondes und unser aller Leben in seine Hände.«

Die Vertreter besprachen die ungeheuerliche Nachricht der Beauftragten und die Erwähnung von ES durch den Weisen. Zuerst waren alle sehr empört, doch nach und nach wurde ihnen der Ernst der Lage bewusst und sie bekamen Angst. Große Angst. Mond zerstörte sich langsam, seine Bewohner begingen Selbstmord. Sie verstanden jetzt, warum der Letzte Weise die Regel gebrochen und über ES gesprochen hatte. Selbst jetzt noch zuckten sie bei seiner Erwähnung zusammen und sie redeten von ES nur im Flüsterton. Aber ihnen allen war klar: Es musste die Helle Seite gefunden werden, um Mond zu retten.

Damit endete die Große Ratsversammlung und der Letzte Weise ging würdevoll aus dem Saal. Er bedeutete dem Albino, ihm in einen Nebenraum zu folgen.

»Die Lage ist ernster, als ich dort bei der Versammlung gesagt habe. Komm, setz dich. Hast du Hunger, willst du etwas essen?« Er klatschte in die Hände und ein Diener brachte ein Tablett mit köstlichen Speisen.

Adulesci setzte sich in einen Stuhl, der riesengroß war. Er versank ganz in dem Leder.

Der Letzte Weise meinte zu dem Stuhl gewandt: »Was ist los mit dir, siehst du nicht, dass du zu groß bist?«

Adulesci glaubte zu sehen, dass der Stuhl noch schwärzer wurde als er ohnehin schon war. Plötzlich bewegte sich sein Sitzplatz. Vor lauter Schreck fiel Adulesci hinunter.

Der Letzte Weise lächelte: »Darf ich vorstellen, das ist Saab, der Stuhl. Saab, das ist Adulesci von den Albinos.«

»Angenehm«, sagte Adulesci.

»Das Vergnügen ist ganz auf meiner Seite«, entgegnete der Stuhl und machte eine vollendete Verbeugung. Der Albino musste lachen.

»So jetzt kannst du dich wieder hinsetzen. Ich müsste jetzt deine Größe haben.«

Adulesci setzte sich vorsichtig hin. Und tatsächlich: Saab hatte genau die richtige Größe, und er passte sich ideal seiner Körperform an.

»Sitzt du bequem?«, fragte Saab. »Hast du einen besonderen Wunsch? Vielleicht ein Duft? Wie soll ich riechen? Nach den Steppen der großen Savannen? Oder nach den Feuerschloten der Drachenwiese? Oder vielleicht doch nach den Höhlen der Albinos?« Saabs Begeisterung war kaum zu bremsen.

Adulesci lächelte: »Danke, kein Duft. Ich sitze sehr bequem.«

Saab schwieg enttäuscht.

»Ich wollte dich nicht beleidigen«, sagte Adulesci, doch Saab antwortete nicht mehr.

»Er meldet sich schon wieder«, beruhigte ihn der Letzte Weise. »Er kann nicht lange schweigen. Nun iss! Und dann unterhalten wir uns. Ich ruhe mich einstweilen ein bisschen aus. Ich bin sehr müde«, sagte er und verließ langsam, mit kleinen schlurfenden Schritten den Raum.

Adulesci blickte sich um. Der Raum kam ihm winzig vor. Er hatte noch den großen Saal, der der größte Raum war, den er jemals gesehen hatte, in Erinnerung. Jetzt aber bemerkte er, dass auch dieses Zimmer sehr groß war. Es hatte so ziemlich die Größe der Thronhalle der Albinos. Diese Halle war die bei Weitem größte Höhle in der Nordwand. Dort hatten neben den beiden Thronstühlen noch mindestens einhundert Albinos Platz. Außer dem Stuhl Saab, einem Tisch und einem weiteren

Stuhl, auf dem der Letzte Weise gesessen hatte, war der Raum leer. Überall an den Wänden befanden sich Verzierungen, verschnörkelte Figuren und andere Zeichen, die er noch nie gesehen hatte.

In der Mitte stand eine Säule. Wie ein großer Baum mit vielen Verästelungen verzweigte sie sich in alle Richtungen. Außerdem trug sie Früchte – Früchte aus allen Gebieten Mondes. Adulesci erblickte eine Höhlenstaubbirne aus seiner Heimat und hatte Lust, sie zu essen. Er stand auf und ging zur Säule hinüber, um sie sich zu holen.

»Die sind nicht echt.«

Adulesci drehte sich um, um zu sehen, wer da gesprochen hatte.

Saab wiederholte: »Die kann man nicht essen, sie sind nur aus Stein.«

»Schade«, meinte der Albino. »Sie sehen so echt aus.«

Er setzte sich wieder und probierte die Speisen auf dem Tablett. Sie sahen sehr seltsam aus, und kamen ihm überhaupt nicht bekannt vor. Aber sie schmeckten köstlich. Hungrig aß er alles auf. Dann schmiegte er sich zufrieden in den Sessel und schlief auf der Stelle ein.

Als er wieder erwachte, erblickte er den Letzten Weisen, der ihm gegenüber saß und jetzt lächelte.

»Ich muss eingeschlafen sein«, murmelte Adulesci verschlafen.

Der Letzte Weise nickte. Er reichte ihm einen Becher: »Trink!«

Dankbar trank Adulesci. Es schmeckte süß, so süß wie Honig und er spürte, wie die Kraft in seinen Körper zurückkehrte und er wieder hellwach wurde.

»Ich vertraue dir nun die Überlieferung an, die nur die Weisen kennen, und die bisher auch nur Weise kennen durften. Ich muss diese Tradition beenden und die Regel brechen, denn sonst ist es zu spät.«

3. Die Zeit vorher

Bevor ES geschah lebten alle Völker, Tiere und Pflanzen in allen Gebieten Mondes glücklich und zufrieden. Es gab natürlich auch in dieser Zeit das Böse. Aber damals war es noch sehr klein. In den Herzen aller Bewohner Mondes strahlte das Licht der Liebe und verbot dem Bösen, sich auszubreiten und von ihnen Besitz zu ergreifen. Damals schien die Sonne leuchtend gelb vom Himmel und schickte ihre Strahlen bis in die finstersten Winkel des Reiches. Der Himmel selbst war blau und die Drachen tummelten sich in der Luft und spielten den ganzen Tag. Die Tiefen Wälder waren nicht tiefschwarz sondern grün. Aber es war nicht ein einziges Grün. Damals gab es viele verschiedene Grüntöne.

Ich weiß, dass es für dich und jeden anderen unmöglich ist, dir Farben vorzustellen. Aber denke nur an etwas Wunderschönes, dann weißt du in etwa, was Farben sind.«

Adulesci dachte an das hübsche Schmuckstück, dass er erst vor kurzer Zeit im Großen Saal bewundert hatte, und er fühlte Freude aufsteigen. Er ahnte, was Farben waren und auch dass sie es waren, die er so schmerzlich vermisste, obwohl er sie noch nie gesehen hatte.

Der Letzte Weise erzählte weiter: »Zu dieser Zeit lebte Ereek. Ereek war ein zehnjähriger Junge, der nichts lieber tat, als den ganzen Tag durch die heimatlichen Wälder zu streifen und neue Dinge zu entdecken. Eines Tages stand er sehr früh auf und machte sich einige Brote zurecht. Er wollte heute länger ausbleiben. Ereek hatte beschlossen, dem Pfad zu folgen, den er letzte Woche bei einer seiner Wanderungen zufällig entdeckt hatte. Leider war es damals schon zu dunkel geworden, um noch zu erforschen, wohin er führte. Deshalb wollte er ein anderes Mal wieder hierher kommen, um ihn genau untersuchen zu können. Wenn er etwas Außergewöhnliches entdeckte, würde er vielleicht der Anführer ihrer Gruppe werden. Berenz, der jetzige Anführer, würde schon nächstes Jahr seine Einweisung haben. Jeder Junge und jedes Mädchen hatte diese Einweisungsfeier, wenn sie reif genug waren, erwachsen zu werden. In der Regel geschah das mit sechzehn Jahren. Dann war es vorbei mit dem Herumlaufen und Spielen. Dann würden sie arbeiten und eine Familie gründen.

Ereek bewunderte wie alle anderen Berenz und beneidete ihn, dass er schon bald ein Mann sein würde, aber irgendwie war er froh, dass er selbst noch ein Junge sein durfte. Er liebte seine Freiheit, denn er konnte tun und lassen, was er wollte und brauchte sich nicht ums Essen und die Familie zu kümmern.

Heute, wie so oft in letzter Zeit, war Ereek allein unterwegs. Sein Freund Berenz wurde jetzt immer öfter zum Dorfältesten gerufen, der ihm alles beibrachte, was er für die Einweisungsfeier und für sein Leben als Erwachsener wissen musste. Er verbrachte immer weniger Zeit mit Ereek und den anderen Jungen, und Ereek wusste, dass der Tag nicht mehr fern war, an dem er überhaupt nicht mehr mitkommen würde. Dann würde ein anderer zum Anführer dieser Gruppe werden, und Ereek hoffte, dass er derjenige sein würde.

Berenz hatte Ereek versprochen, dass sie Freunde bleiben würden, aber Ereek glaubte nicht so recht daran. Wahrscheinlich würden sie erst dann wieder viel miteinander unternehmen, wenn auch Ereek ein Mann war, aber das dauerte noch einige Zeit. Berenz hatte sich in letzter Zeit so sehr verändert, dass Ereek sich manchmal fragte, ob er noch der Gleiche sei. Aus dem lustigen, übermütigen, draufgängerischen Jungen war ein ernster, gewissenhafter junger Mann geworden. Ereek wusste, dass daran nicht allein die Ermahnungen und Belehrungen des Dorfältesten schuld waren, sondern auch Xynthia. In dieses Mädchen hatte sich sein Freund bis über beide Ohren verliebt. Das verstand Ereek überhaupt nicht. Nun ja, Xynthia war nicht so wie alle anderen Mädchen, man konnte viel Spaß mit ihr haben, aber trotzdem verstand er nicht, wieso Berenz lieber mit Xynthia zusammen war, als mit ihm oder den anderen.

Ereek packte die Brote in den Rucksack, steckte sein Messer ein, das er von seinem Vater zu seinem achten Geburtstag bekommen hatte, und machte sich auf den Weg. Er wusste, es würde ein langer und anstrengender Marsch werden. Die Sonne ging gerade auf, als er das Haus verließ. Er wohnte mit seinen Eltern und seiner Schwester Amara in einem kleinen, gemütlichen Haus, das schon recht alt war. Aber da seine Eltern Jäger waren – seine Mutter war eine der wenigen Frauen unter ihnen –, blieb nur wenig Zeit, das Haus zu reparieren. Gut, dass dann alle Nachbarn mithalfen. Ereek sah seine Eltern oft wochenlang nicht, wenn sie unterwegs waren, um die großen Büffelherden aufzuspüren und für den Winter Fleischvorräte anzulegen. Dann wünschte er sich oft, dass sie ihn mitnähmen, aber er war dafür noch zu klein. Er würde den anstrengenden Marsch nicht durchhalten. Seine Schwester war etwas jünger als Ereek, und auch sie sah er selten. Die meiste Zeit war sie bei den anderen Mädchen. Ereek hatte das Gefühl, dass sie sich dort wohler fühlte als zu Hause.

Ereek wollte die kühlen Morgenstunden ausnutzen und den Wald erreichen, bevor es zu heiß zum Gehen war. Die Sonne brannte um diese Zeit erbarmungslos vom Himmel, und es war unmöglich, längere Zeit in der prallen Sonne zu arbeiten oder auch nur dazusitzen. Alle hofften, dass der große Regen einsetzen würde, bevor die Sonne die Felder verbrannte und die Ernte vernichtete.

Er beschleunigte seine Schritte und erreichte tatsächlich den Wald, noch bevor die Sonne richtig vom Himmel herab schien. Ereek war der beste Läufer seiner Altersgruppe, und wenn er noch mehr Ausdauer bekäme, könnte er bald mit seinen Eltern auf die Jagd gehen. Dann würde auch er zu den Erwachsenen gehören.

Im Wald war es kühl und schattig. Ereek genoss die Stille, die nur durch vereinzelte Tierlaute unterbrochen wurde. Er liebte es, durch den Wald zu streifen und die Tiere zu beobachten. Oft ging er auch des Nachts in die Wälder, um die wilden Tiere zu sehen, die dann ihre Verstecke verließen, um auf Nahrungssuche zu gehen.

Allerdings vermied er es, zu tief hineinzugehen, denn dort gab es Gespenster. Sie, so wurde es von den Männern erzählt, achteten darauf, dass keiner den Tieren etwas zu Leide tat. Außerdem sollte es auch andere finstere Gestalten geben, die kleine Jungen fressen. Allerdings glaubte Ereek nicht an diese Märchen, die die Großmütter den Kindern erzählten, um sie zu erschrecken. Er selber hatte diesen Geschichten gerne zugehört und er hatte es genossen, dicht gedrängt um das Feuer zu sitzen und sich ein bisschen zu fürchten. Oft war er dann zu seiner Mutter gelaufen und hatte sich von ihr beschützen lassen. ›Hat Mariell euch wieder die gruseligen Geschichten erzählt‹, hatte Mutter dann gelacht und ihn fest an sich gedrückt. Er liebte es, diese Erinnerungen wieder hervorzuholen, wenn er allein war. Manchmal wünschte er, dass er wieder zu seiner Mutter laufen könnte, um sich von ihr beschützen zu lassen. Aber die anderen Jungen würden ihn bestimmt auslachen, und er selbst empfand es auch als Schwäche. Er wusste, dass das zum Erwachsenwerden dazugehörte.

Ereek stieg den Weg zum Berggipfel empor. Dieser war ziemlich steil und leicht gewunden. Endlich hatte er das Hochplateau erreicht, wo er den Pfad entdeckt hatte. Es war jetzt Mittag. Er war stolz darauf, dass er diese Strecke in so kurzer Zeit hinter sich gebracht hatte. Unter einem Felsen fand er einen schattigen Platz zum Ausruhen. Ereek war schon oft hier gewesen und es wunderte ihn, dass er den Pfad nicht schon früher entdeckt hatte. Allerdings war er so zugewachsen, dass er leicht zu übersehen war. Er hatte einen großen Stein als Markierung hingelegt, um ihn wiederzufinden, denn er war wirklich schwer zu erkennen. Ereek aß seine Brote und ruhte sich etwas aus, dann machte er sich wieder auf den Weg.

Er fand den Stein, den er wegen seiner bemerkenswerten Form – er hatte das Gesicht seiner Schwester – ausgewählt hatte und ging den Pfad entlang. Jetzt brauchte er sein Messer, um sich einen Weg durch das Gestrüpp zu bahnen. Der Schweiß rann ihm in Strömen von der Stirn und seine Arme taten ihm schon weh. Wo dieser Weg wohl hinführen mochte? Vielleicht entdeckte er einen See oder ein Tal, in dem es viele Tiere gab. Wenn er dann die Jäger dorthin führte, würden ihn alle bewundern und als einen der ihren anerkennen. Mit diesen Gedanken im Hinterkopf kämpfte Ereek sich verbissen weiter. Endlich hatte er das Ende des Weges erreicht. Tatsächlich mündete er in einem Tal, und dort standen – Gebäude. Große Häuser aus Stein.

›Wer dort wohl wohnen mochte?‹, fragte sich Ereek und schlich näher. Doch bald erkannte er, dass hier niemand mehr lebte. Denn alle Häuser waren zerfallen und unbewohnbar. Er entdeckte einige Tiere, die sich in den Ruinen eingenistet hatten und jetzt vor ihm davonliefen. Zuerst betrachtete er die Steinhäuser von außen. Wie es wohl da drinnen aussehen mochte? Ereek hatte Angst hineinzugehen und wäre froh gewesen, wenn jetzt Berenz oder die anderen hier wären. Aber er wollte auch nicht als Feigling gelten. Außerdem war er viel zu neugierig. Er wusste zwar, dass er nicht alleine hineingehen sollte, und dass er wahrscheinlich Ärger bekommen würde, aber er wollte auch nicht mit leeren Händen nach

Hause zurückkehren. Und so nahm er all seinen Mut zusammen und betrat ein Haus.

Er war enttäuscht. Eine Staubschicht bedeckte alles und Spinnweben hingen überall an den Wänden. Ganz abgesehen von dem Unrat und Dreck, der sich im Laufe der Zeit angesammelt hatte. Ansonsten war der Raum leer, und auch der nächste sah nicht besser aus.

Ereek verließ das Gebäude und betrat das nächste. Aber auch in diesem fand sich nicht das Geringste, das irgendeinen Hinweis geben konnte, wer hier einmal gelebt hatte. Ereek war enttäuscht. ›Aber vielleicht finde ich etwas im nächsten. Einen Schatz oder so?‹, hoffte er und durchsuchte auch die übrigen Häuser.

Mit jedem Misserfolg schwand seine Hoffnung, etwas Spektakuläres zu finden. Enttäuschung breitete sich auf seinem Gesicht aus. Jetzt blieb noch ein Gebäude übrig, auf das er all seine Hoffnung setzte. Er beschwor es: ›Du musst mir zeigen, wer hier gewohnt hat.‹

Es war das größte der Häuser. Langsam schritt er näher. Wozu es wohl gedient hatte? Er stand vor dem Eingang und lugte vorsichtig ins Innere. Aber es war so dunkel, dass er nichts zu erkennen vermochte. Er suchte einen Stock und trockenes Gras, woraus er eine Fackel herstellen konnte. Schnell war er damit fertig und entzündete sie. Dann betrat er das Gebäude. Verblüfft blieb er stehen. Im Gegensatz zu den anderen Häusern bestand dieses nur aus einem Raum. Es war ein riesengroßer Raum, den er mit seiner Fackel nicht ausleuchten konnte. Vorsichtig tastete er sich an der Wand entlang. Seine Finger berührten unzählige Spinnweben und verscheuchten Ungeziefer. Plötzlich spürte er Vertiefungen in der Wand. Er betrachtete sie genauer und bemerkte, dass Zeichen eingeritzt waren. Was mochten sie bedeuten?, fragte sich Ereek. Er hatte keine Ahnung. Als Jäger musste man Spuren lesen können, aber keine Zeichen. Ereek durchsuchte den Rest des Gebäudes, aber er konnte nichts entdecken. Irgendwie fühlte er, dass die Zeichen etwas Wichtiges mitteilen wollten, aber da er sie nicht lesen konnte, beschloss er, ins Dorf zurückzugehen und den anderen seine Entdeckung zu zeigen.

Ereek verließ das Haus und machte sich auf den Heimweg. Während des ganzen Marsches überlegte er sich, was er zum Dorfältesten sagen sollte. Er wusste, dass er den anderen von seiner Entdeckung berichten und dass er nicht alleine hineingehen hätte dürfen. Aber wenn er es den anderen erzählt hätte, hätten sie ihn nicht mitgenommen.

Schuldbewusst näherte er sich dem Dorf. Langsam schlich er zum Haus des Dorfältesten und klopfte an. Eine Stimme rief: ›Herein!‹

Ereek trat ein. Er war schon lange nicht mehr hier gewesen. Der Dorfälteste, der mittlerweile schon sehr alt geworden war, hatte weißes, farbloses Haar. Die Haut war faltig und vergilbt. Nur seine Augen strahlten im alten Glanz. Ereek konnte das Glimmern des jederzeit wachen Verstandes erkennen.

›Ach du bist es, Ereek. Was machst du hier? Du brauchst mich gar nicht zu bitten, du weißt, du bist noch zu klein für die Jagd.‹

›Nein‹, entgegnete Ereek, ›ich bin nicht deshalb gekommen.‹ Es fiel ihm schwer weiterzureden.

›Ach?‹ Der Dorfälteste zog die Augenbrauen in die Höhe.

Beide schwiegen einige Minuten. Dann seufzte Ereek: ›Ich habe heute eine Wanderung unternommen und dabei ist mir Folgendes passiert ...‹ Ereek berichtete ihm alles der Reihe nach. Er ließ nichts aus und beschrieb sogar die Zeichen, die er im größten Gebäude gesehen hatte.

Der alte Mann schüttelte nachdenklich seinen Kopf. ›Ich muss den Stamm einberufen‹, sagte er schließlich.

Das hieß, dass alle Männer und Frauen zusammenkamen und über eine Sache berieten. Der Stamm wurde nur sehr selten einberufen, und soweit Ereek sich erinnern konnte, war das seit seiner Geburt erst ein Mal der Fall gewesen. Damals ging es darum, einen Mann auszustoßen, der die Gesetze des Stammes nicht eingehalten hatte. Ereek hatte nicht verstanden, warum sie dem Mann keine zweite Chance gaben, aber sein Vater erklärte ihm, dass man sich bei der Jagd auf den anderen verlassen musste, und wenn das nicht möglich war, hätte das den Tod eines Gefährten zur Folge. Und nun hatte er, Ereek, ein Gesetz des Stammes gebrochen. Er hatte zwar keinen anderen in Gefahr gebracht, aber es war trotzdem nicht richtig gewesen, alleine hineinzugehen.

Ereek verließ das Haus des Dorfältesten und überlegte sich, wohin er sich wenden sollte, wenn er ausgestoßen würde. Unruhig erwartete er den Ausgang der Stammesversammlung.

Endlich war es soweit. Ein Freund seines Vaters rief ihn herein. Ereek war noch nie bei einer Stammesversammlung dabei gewesen, und jetzt – bei seiner ersten – würde er als Verbrecher auf sein Urteil warten.

Mit mulmigem Gefühl in der Bauchgegend trat er ein. Alle sahen ihn an.

›Du hast da eine sehr schwerwiegende Entdeckung gemacht‹, wandte sich der Dorfälteste an ihn.

›Bin ich ein Verbrecher?‹, fragte Ereek besorgt.

›Nein, wie kommst du nur darauf? Es ist doch kein Verbrechen, ein bisschen in der Gegend herumzustreunen. Aber du hättest nicht alleine hineingehen sollen. Wer weiß, was dir alles hätte zustoßen können! Wir sind froh, dass dir nichts passiert ist.‹ Seine Mutter lachte.

›Deine Mutter spricht uns aus dem Herzen. Wir haben beschlossen, eine Expedition zusammenzustellen, die diesen Ort untersuchen soll. Schon Morgen geht es los. Ereek, willst du sie hinführen?‹

Und ob Ereek das wollte! Er fühlte sich ganz wichtig, und nachdem die Versammlung aufgelöst wurde, ging er zu seinen Freunden, um ein bisschen zu protzen. Er schilderte ihnen seine Entdeckung in den schillerndsten Farben und übertrieb ein bisschen. Alle beneideten ihn. Das Schönste aber war, dass er morgen mit dabei war. Er durfte mit den Erwachsenen mitkommen, und nicht nur das; er würde sie anführen!

Aufgeregt ging er schlafen. Am nächsten Morgen würden sie schon sehr bald in der Früh, noch vor Sonnenaufgang, aufbrechen, um die kühlen Morgenstunden auszunutzen.

Ereek war einer der Ersten, die am nächsten Tag munter wurden. Aufgeregt fing er an, ein paar Sachen in seinen Beutel zu packen. Neben einigen Broten steckte er auch sein über alles geliebtes Messer ein. Dann wartete er auf die anderen.

Als er das Haus verließ, bemerkte er, wie ein paar Mädchen, darunter auch seine Schwester, beisammen standen und zu kichern anfingen, als sie ihn bemerkten. Er wollte sich schon verärgert umdrehen und abfällig ›Mädchen‹ murmeln, als ihm auffiel, dass es ein ganz anderes Kichern war, als er es gewohnt war. Nicht so albern, sondern eher verlegen. Er wartete also ab, und tatsächlich; sie kamen zu ihm. Jetzt bemerkte er auch, dass Xynthia, die Freundin von Berenz, dabei war. Sie war es auch, die sich an ihn wandte und ihn mit einem koketten Augenaufschlag bat, ihnen von seiner Entdeckung zu berichten.

Ereek, der das inzwischen schon sehr gut beherrschte, erzählte ihnen alles und noch viel mehr. Das Ausschmücken fiel ihm nun schon sehr leicht. Xynthia stand dicht neben ihm, sodass ihr schwarzes Haar seine Haut berührte. Ereek fühlte sich sehr wichtig und erzählte und erzählte. Ihre schwarzen Augen blickten ihn unverwandt an und er konnte sich nicht von ihr losreißen.

Inmitten seiner Schilderungen hob er einen Augenblick seine Augen und sah Berenz, der ein bisschen abseits stand und sehr traurig Xynthia musterte. Ereek hatte ein schlechtes Gewissen und brach seinen Redefluss sofort ab. Eine Entschuldigung murmelnd ging er zu Berenz, um ihn zu fragen, ob er ebenfalls heute mitkomme. Er vermied es aber, ihm dabei in die Augen zu sehen.

›Nein, ich habe keine Lust‹, sagte Berenz.

Ereek konnte den gequälten Ausdruck in seinen Augen nicht vergessen, und als er sich umwandte, bemerkte er, dass Xynthia ihn, Ereek, noch immer unverwandt anstarrte. Er wusste, wie sehr Berenz dieses Mädchen mochte und es tat ihm unendlich leid, aber jetzt hatte er etwas anderes zu tun.

Die Expedition war zum Aufbruch bereit. Ereek übernahm die Führung. Er spürte förmlich die neidischen Blicken seiner Freunde und die bewundernden der Mädchen. Aber jetzt bedeutete es ihm nicht mehr so viel.

Diesmal ging es langsamer voran, und so stand schon die Sonne beinahe im Zenit, als sie den Wald erreichten. Im Schatten der Bäume ging es etwas schneller vorwärts.

Endlich kamen sie zum Hochplateau und dort machten sie Rast. Nach einer kurzen Pause suchte Ereek den Stein, mit dem er den weiteren Weg markiert hatte. Er fand ihn mühelos und führte die anderen zu den Ruinen.

Er spürte ihre Aufregung, als sie davor standen. Die Ruinen waren sehr groß. Nach kurzer Zeit ehrfürchtigen Schweigens, fingen sie an, den Platz zu untersuchen. Sie gingen dabei sehr systematisch vor. Jeder Quadratmeter Boden wurde vom Pflanzenwuchs befreit und genau betrachtet. Ereek sah ihnen einige Zeit zu, bevor er sich unter einen Baum setzte und sehr bald einschlief.

Er träumte gerade von Xynthia, als er unsanft geweckt wurde.

›Komm, wir gehen nach Hause.‹

Es war inzwischen schon dämmrig geworden und so machten sie sich auf den Heimweg. Ereek war ein bisschen enttäuscht. Er hatte sich das alles viel aufregender vorgestellt. Aber die Forschungsarbeit war mühselig und langwierig. Schon am nächsten Tag ging der Trupp wieder hinauf, und dieses Mal nahmen sie Material mit, um ein kleines Dorf aufzubauen. Sie wollten so lange oben bleiben, bis sie alles erforscht hatten. Jeden Tag hinzugehen, war einfach zu mühselig.

Ereek kam nicht mehr mit. Er wollte lieber mit den anderen Jungen jagen, um die Wette laufen und im Spiel mit ihnen seine Kräfte messen.

Das Forschungsteam blieb den ganzen Sommer über in den Bergen. Ereek hatte sie schon fast vergessen, als wieder eine große Stammesversammlung einberufen wurde. Diesmal fand sie aber nicht im Haus des Dorfältesten, sondern bei den Ruinen statt. Es gingen Gerüchte um, dass die Forscher irgendetwas Großartiges entdeckt hätten. Das ganze Dorf war aufgeregt und es kursierten die wildesten Gerüchte. Von fremden Wesen war die Rede, von einem unermesslichen Schatz und solchen Dingen.

Am nächsten Morgen brachen sie auf. Alle kamen mit, sogar die ganz kleinen Babys und die alten Frauen und Männer, die am liebsten vor den Häusern saßen und sich unterhielten. So brauchten sie eine ganze Weile, bis sie die Ruinenstadt endlich erreichten. Sie hatten einige Mühe, den Pfad zu finden, da schon die Dämmerung anbrach. Als sie endlich dann vor den Ruinen standen, ging gerade die Sonne unter und tauchte die ganze Landschaft in rotes Licht. Die Ruinen schienen zu brennen. Es war wunderbar und alle standen vollkommen still, bis die letzten Strahlen erloschen und alles um sie herum dunkel wurde.

Heute würden sie nicht mehr viel sehen, und so bereiteten sie sich auf die Nacht vor. Es war wirklich fantastisch, wie gut alle zusammen arbeiteten, sich gegenseitig halfen und in weniger als zwei Stunden ein ganzes Dorf aufbauten. Freilich war alles improvisiert und die Hütten würden bei einem Sturm sofort zusammenfallen, aber jeder hatte einen Platz zum Schlafen erhalten, sodass keiner die Nacht draußen verbringen musste. Die Männer fällten Bäume, um daraus ein grobes Gerüst aufzubauen. Die Kinder sammelten Holz, Rinden und Moos, um die Lücken zu füllen, und die Frauen legten den Boden mit Decken aus und bereiteten ein Abendessen vor. Ereek hatte großen Hunger und aß gleich zwei Portionen Kanincheneintopf mit Gemüse, obwohl er eigentlich dieses Fleisch nicht sonderlich mochte. Er musste dabei immer an Hoppel denken, sein Kaninchen, das er als kleiner Junge in einer Falle gefunden hatte. Es hatte schwere Verletzungen gehabt und er hatte es gesundgepflegt. Hoppel hatte ein ganz weißes weiches Fell und braune Pfoten. Von diesem Zeitpunkt an waren die beiden immer zusammen unterwegs. Hoppel und Ereek. Bei dem Gedanken an seinen Tod stiegen Ereek immer noch Tränen in die Augen, obwohl sich das für einen Mann nicht gehörte. Er fand Hoppel eines Tages früh am Morgen in seinem Stall. Ereek war damals sieben Jahre alt. Das Kaninchen rührte sich nicht mehr. Ereek hatte es angehaucht, aufgehoben und gestreichelt, aber es hatte keinen Mucks gemacht. Dann brachte er es zu seinem

Vater. Er war ganz sicher, dass Vater Hoppel wieder gesund machen konnte. Vater konnte einfach alles. Egal worum Ereek ihn je gebeten hatte, nie gab es ein ›Nein, das ist unmöglich‹. Doch bei Hoppel konnte auch Vater nichts mehr machen. ›Hoppel ist tot‹, hatte er gesagt, und Ereek war in Tränen ausgebrochen. Da hatte ihn seine Mutter in die Arme genommen und gesagt: ›Hoppel ist jetzt im Kaninchenhimmel. Dort geht es ihm sehr gut. Er kann den ganzen Tag in der Sonne im Gras herumhoppeln und genüsslich Grashalme kauen. Es gibt dort auch keine Adler und Kojoten und andere Tiere, die Kaninchen fressen.‹

Ereek hatte das eingesehen und war auch froh, nur: ›Aber wer streichelt ihn denn dort? Du weißt, Hoppel liebt es, hinter den Ohren gekrault zu werden.‹

Darauf konnte ihm Mutter auch keine Antwort geben. Sie erzählte ihm aber, wie schön es dort im Kaninchenhimmel sei.

Ereek und Vater begruben Hoppel dann hinter dem Haus. Danach war Ereek halb getröstet.

Die älteren Jungen hatten ihn ausgelacht, als er gesagt hatte, dass Hoppel im Kaninchenhimmel sei. ›Kaninchenhimmel – so was gibt es nicht!‹, lachten sie. Aber Ereek hatte fest daran geglaubt und er glaubte auch heute noch, dass es eine Art Kaninchenhimmel gab.

Ereek konnte lange nicht einschlafen. Immer wieder kehrten seine Gedanken zu den Ruinen zurück und er erinnerte sich wieder daran, wie er die Stadt entdeckt hatte. Endlich schlief er ein, aber es war ein unruhiger Schlaf und er hatte einen Traum: Er stand vor einem großen See, sein Wasser glitzerte in der Sonne, und er beobachtete die Fische. Vögel zwitscherten im Hintergrund. Dann ging die Sonne unter, aber nicht nur das: Sie verschwand im See. Er wartete vergebens darauf, dass sie wieder aufgehen möge. Nichts geschah. Es blieb vollkommen dunkel um ihn. Ein ängstliches Gefühl stieg in ihm auf, dass sich immer mehr in seinem Körper auszubreiten begann und ihn völlig ausfüllte. Es wurde immer stärker und er verspürte Todesangst. Entsetzt wachte er auf. Sein ganzer Körper zitterte. Er versuchte den unangenehmen Traum zu verdrängen.

Langsam erwachten die Leute. Auch Ereek stand auf, um seine morgendliche Notdurft zu verrichten. Er ging ein Weilchen, bis er eine geeignete Stelle hinter den Hütten fand. Noch immer zitterte er, wenn er an den Traum dachte, und auch der Sonne gelang es nicht völlig, die Angst zu vertreiben. Es blieb ein mulmiges Gefühl in der Magengegend zurück.

Plötzlich drangen Stimmen an sein Ohr. Sie wurden immer lauter. Ereek hörte Gekicher. ›Mädchen‹, dachte er verächtlich, und da er keine Lust hatte, ihnen zu begegnen, machte er einen großen Bogen um sie.

Als er zum Lager zurückkam, warteten schon sein Vater, seine Mutter und Amara, seine kleine Schwester, auf ihn. Zusammen gingen sie zu den Ruinen. Dort hatten sich schon viele Leute versammelt. Sie unterhielten sich miteinander, doch trotz dieser belanglosen Gespräche war die Stimmung sehr angespannt.

Plötzlich trat Stille ein. Einer der Forscher hatte sich erhoben und begann nun zu berichten: ›Wir haben zuerst die gesamten Ruinen vom Dreck und Schmutz gereinigt, den Schutt weggeräumt und stießen dann auf eine sensationelle Entdeckung: Die ganzen Wände und Böden sind von Schriftzeichen übersät.‹ Er machte eine bedeutungsvolle Pause.

Ereek sah enttäuschte Gesichter und auch er selbst war enttäuscht. Einen Schatz hatte er sich erwartet oder Waffen oder sonst etwas, aber Schriftzeichen? Das war doch nichts Sensationelles, kein Fund über den es sich zu reden lohnte.

Der Forscher sprach weiter: ›Zuerst konnten wir sie nicht entziffern, sie kamen uns vollkommen fremd vor, aber das sind sie nicht. Sie sehen zwar ein bisschen anders aus als unsere jetzigen. Sie haben sich im Laufe der Zeit verändert. Ihr müsst nämlich wissen, dass die Ruinen sehr alt sind. Wir haben herausgefunden, dass das hier die erste Siedlung unserer Ahnen war. Sie haben uns ein Geheimnis hinterlassen: Den Schatz der Glückseligkeit. Wir wissen leider nichts Näheres darüber, weil wir die nächsten Buchstaben einfach nicht entziffern konnten, sie sind zu sehr verwittert. Aber wir wissen, dass der, der den Schatz findet, vollkommen glücklich wird. Mehr können wir nicht sagen.‹

›Ein Schatz!‹, riefen alle durcheinander. ›Ich muss ihn finden.‹ Und schon fingen sie an, den Boden umzugraben. Sie holten Schaufeln und Hacken und machten sich verbissen an die Arbeit. Auch Ereek hatte sofort angefangen, nach dem Schatz zu graben. Niemand kümmerte sich mehr um die anderen, jeder war damit beschäftigt, den Schatz zuerst zu finden, denn jeder wollte glücklich werden. Sie fingen an, sich zu streiten, wer wo graben durfte, und bald gab es die ersten Verletzten.

Ereek war so in das Graben vertieft, dass er nicht merkte, was um ihn herum vorging, und so ging es auch den meisten anderen. Die besten Freunde vertrugen sich nicht mehr, weil sie Angst hatten, der andere könnte den Schatz vor ihm finden. Die Herzen der Menschen fingen an, sich zu verschließen.

Nachdem sie den ganzen Boden um die Ruinen umgegraben hatten, brach der Winter herein. Den ganzen Herbst lang hatten sie nach dem Schatz gesucht und sich nicht darum gekümmert, Wintervorräte anzulegen. Als die Erde zu hart zum Graben wurde und die Tiere, die sie gejagt hatten, sich zurückzogen, kam der Hunger. Und mit dem Hunger kam die Gewalt. Die Stärkeren nahmen den Schwächeren das letzte Essen weg, und die Kinder starben vor Hunger, weil ihre Mütter nicht mehr die Kraft hatten, sich um die Mahlzeiten zu streiten. Es senkte sich Dunkelheit über das Land, und die Dunkelheit blieb.

Da erst merkten sie, wie unrecht sie gehandelt hatten. Aber alle Reue nützte nichts, die Dunkelheit wollte nicht weichen. Alle Farben waren verschwunden. Sie fühlten, dass sie etwas sehr Wichtiges verloren hatten, aber sie wussten nicht, wie sie sie wieder zurückbekommen konnten. Und da sie es nicht wussten, fanden sie es auch nicht wieder.

Die Familien verließen den unseligen Ort und trennten sich. Sie hatten nicht genug Nahrungsmittel, um weiter miteinander zu leben und sie hatten auch keine Lust mehr dazu. Und so zerstreuten sie sich in alle vier Himmelsrichtungen und besiedelten Mond. Sie bekamen Kinder und bauten Städte auf und trafen viele andere Lebewesen.

Nun, das Ergebnis kennst du ja, Adulesci«, schloss der Letzte Weise seine Geschichte. »Du musst uns helfen, du musst die Helle Seite mit all ihren Farben finden, die seit diesem unglückseligen Tag verschwunden ist. Geh, und finde Lara.«

»Wer ist Lara? Wie sieht sie aus? Woran erkenne ich sie?«

»Das weiß ich nicht. Leider ist uns nichts weiter bekannt, als dass ein Mädchen namens Lara Mond retten kann. Aber das ist auch nur eine vage Vermutung. Ereek, der Junge, von dem ich dir erzählt habe, hatte einen Traum, bevor er starb. Eine Offenbarung, wie er es nannte.«

4. Der Letzte Weise erzählt weiter

An einem Abend konnte Ereek nicht einschlafen. Er war inzwischen schon sehr alt geworden und bald würde er sterben. Die Welt um ihn herum war ein Chaos. Freilich, die Menschen hatten gelernt, in der Dunkelheit zu leben. Sie machten es sich so bequem wie möglich. Die meisten wussten inzwischen nicht einmal mehr, was Farben waren und wie sich warme Sonnenstrahlen auf der Haut anfühlten. Die Erinnerungen der Alten verblassten und die Jüngeren wurden geboren, nachdem ES geschehen war. Trotzdem hatte alle eine große Unruhe ergriffen. Sie fühlten, dass ihnen etwas sehr Wichtiges fehlte, aber sie wussten nicht, was es war. Niemand war mehr richtig glücklich. Ereek freute sich eigentlich schon auf den Tod. Jahrelang hatte er versucht, die Farben wiederzufinden, die Helle Seite, wie er sie nannte. Er suchte ganz Mond ab und traf dabei viele ihm unbekannte Völker und andere Lebewesen. Aber die Helle Seite fand er nicht. Seit er zu schwach zum Gehen war, hatte er die Suche aufgegeben und war nach Hause zu Xynthia und den Kindern zurückgekehrt. Xynthia, die Berenz seinetwegen aufgegeben hatte, war sehr wütend und traurig gewesen, als er sie verließ, um die Helle Seite zu suchen. Ereek war es nicht leicht gefallen, sie und die Kinder, die damals noch sehr klein waren, zu Hause zurückzulassen. Aber er fühlte sich schuldig an der ganzen Sache, schließlich hatte er ja die Ruinen entdeckt, und er wollte es wieder gut machen. Er hätte nicht zu Hause bleiben und den Kopf in den Sand stecken können.

Als er nach vierzig Jahren unentwegter Suche wieder nach Hause kam, war Xynthia bereits gestorben. Sie hatte, nachdem er sie verlassen hatte, noch lange auf Ereeks Rückkehr gewartet. Aber nach zehn Jahren glaubte sie, dass er nicht mehr kommen würde. Berenz hatte sich inzwischen sehr um sie und ihre Kinder gekümmert und war mehr Vater für sie, als Ereek es je war. Schließlich hatten die beiden geheiratet. Berenz starb ebenfalls, bevor Ereek zurückkam. Sie waren sehr glücklich gewesen, erfuhr er aus einem Brief, den Xynthia ihm geschrieben hatte, bevor sie starb und den sie ihren Kindern gegeben hatte für den Fall, dass Ereek eines Tages doch noch zurückkehren würde. Jetzt hielt er ihn in Händen und er wusste, wie sehr er Xynthia verletzt hatte, als er sie verließ. Aber sie hatte ihm verziehen. Ereek war froh, dass Berenz sich um sie und die Kinder gekümmert hatte. Er wusste, wie sehr Berenz sie geliebt hatte, vielleicht sogar mehr, als er selbst sie je liebte, und wie sehr er seinen Freund verletzt hatte, als er ihm Xynthia wegnahm. Natürlich, er liebte sie und sie verlebten ein paar glückliche Jahre, bis ihn diese Unruhe erfasst hatte, die ihn von zu Hause, von Frau und Kindern, wegtrieb. Ereek schob die unangenehmen Gedanken beiseite, die ihn immer vor dem Einschlafen in den Sinn kamen.

So fiel er endlich in einen tiefen Schlaf.

Plötzlich hörte er eine Stimme, die ihn rief. Ereek öffnete die Augen und bemerkte, dass er sich in einem großen Raum befand. Verwirrt blickte er um sich. Der Raum war vollkommen rund, hatte weiße Wände und war leer. Nur in der Mitte befand sich ein kleiner Pavillon. Auch er war ganz weiß. Zögernd ging Ereek darauf zu. Höflich blieb er einige Meter vor ihm stehen und wartete.

›Komm nur herein‹, befahl ihm eine freundliche Stimme.

Ereek trat ein. Auch hier war alles weiß. In der Mitte stand ein kleiner Tisch und an der Wand ein Sofa. Dort saß ein älterer Mann. Auch er war ganz in weiß gekleidet. Seine Augen blickten ihn freundlich an.

›Bin ... bin ich tot?‹, fragte Ereek verwirrt.

›Nein, noch nicht. Doch du wirst bald sterben. Davor möchte ich dir aber noch etwas Wichtiges mitteilen. Du hast dein ganzes Leben lang nach der Hellen Seite gesucht. Du hast deine Familie aufgegeben, nur um eine alte vermeintliche Schuld abzutragen. Aber du konntest nichts dafür. Wenn nicht du die Ruinen entdeckt hättest, dann hätte sie jemand anderer gefunden. Auch war es wichtig, dass ihr mit der Vergangenheit konfrontiert werdet. Aber was ihr aus der Chance gemacht habt, war schrecklich. Ihr habt eure Welt vernichtet! Aus Habgier und Rücksichtslosigkeit wollte jeder den Schatz für sich alleine haben. Wenn ihr zusammengehalten hättet, wäre es nie so weit gekommen. Aber dafür kann dir keiner einen Vorwurf machen. Du bist nur dafür verantwortlich, dass du wie alle anderen habgierig warst und rücksichtslos nach dem Schatz gesucht hast. Du hast dir sogar ausgemalt, was sich in der Schatztruhe befindet.‹ Der alte Mann lächelte.

Ereek fühlte sich unwohl. Er hatte sich vorgestellt, wie er die Truhe finden würde und sie öffnete. Darin befanden sich ein prächtiges Gewand aus roter Seide und goldenen Borten und ein silberner Bogen mit goldenen Einlegearbeiten. Ereek hatte schon die bewundernden Blicke seiner Kameraden gefühlt.

›Was ist der Schatz der Glückseligkeit?‹ Diese Frage brannte Ereek schon so lange auf der Seele.

›Das kann ich dir jetzt noch nicht sagen, aber bald wirst du es erfahren.‹

›Wer bist du, und was willst du von mir?‹, fragte Ereek den Mann.

›Verzeih, dass ich mich nicht schon früher vorgestellt habe: Man nennt mich den Hüter aller Welten. Und du bist hier, um zu erfahren, wie Mond gerettet werden kann: Eines Tages wird ein Mädchen geboren werden, das von seinen Freunden Lara gerufen wird. Nur sie kann Mond retten. Findet sie so schnell wie möglich, denn es wird euch nicht mehr viel Zeit für eure Suche bleiben.‹

›Wo kann ich sie finden?‹, wollte er wissen, doch der Hüter gab ihm keine Antwort.

Verzweifelt schrie Ereek: ›Wer ist sie? Wo lebt sie? Wann wird sie geboren?‹

Da merkte er plötzlich, dass der alte Mann, der Pavillon und der weiße Saal verschwunden waren. Verwirrt blickte er um sich und sah seine Tochter an seinem Bett stehen, die leise auf ihn einsprach.

›Wo bin ich?‹, fragte Ereek.

›Du bist zu Hause und in Sicherheit. Alles ist in Ordnung. Du hast nur schlecht geträumt.‹

›Es war zu real. Ich glaube nicht, dass es ein Traum war. Eher eine Offenbarung.‹ Und er erzählte seiner Tochter, was ihm der Hüter aller Welten mitgeteilt hatte. ›Mond kann durch dieses Mädchen gerettet werden und ich weiß nichts von ihr – außer ihren Namen: Lara‹, schloss Ereek seinen Bericht. ›Du musst sie suchen, und wenn du sie nicht gefunden hast, bevor du stirbst, musst du jemanden mit der Suche beauftragen. Du darfst nicht vergessen, was Mond passiert ist, und du musst dein Wissen weitergeben. Bald wird sich keiner mehr an die Zeit davor erinnern und alles wird vergessen werden. Aber es darf nicht vergessen werden, denn sonst stirbt Mond.‹ Diesen Auftrag gab Ereek seiner Tochter, bevor er starb.

Ereeks Tochter bewahrte seine Worte in ihrem Herzen auf und sie suchte nach Lara. Vor ihrem Tod erzählte sie alles ihren Kindern und diese wiederum ihren eigenen Kindern und anderen Personen. Man nannte sie bald ›die Weisen‹, weil sie ein Geheimnis umgab, das niemand sonst wissen durfte. Alle Menschen und Lebewesen nannten das Unglück nur ES und sie dachten nicht mehr daran. Sie wollten es verdrängen, und so fiel es uns leicht, das Geheimnis für uns zu behalten …«

»Aber warum habt ihr es den anderen nicht erzählt, sie vor der Gefahr gewarnt? Vielleicht hätte ein anderer gewusst, wie man Mond retten kann?«, unterbrach ihn Adulesci.

»Natürlich haben wir uns das auch überlegt. Aber wenn wir den anderen die Geschichte erzählt hätten, dann hätten sie ihre Kinder nicht unbeeinflusst einen Namen geben können. Wer weiß, wie viele Laras es dann schon gegeben hätte. Wir mussten sicher sein, dass die Eltern bei der Wahl des Namens ihrer Kinder völlig frei waren, sonst können wir die richtige Lara nie finden. Lara ist ein äußerst seltener Name. Wir haben ganz Mond bereist, aber nie ein Mädchen mit diesem Namen gefunden. Ich bin der Letzte Weise und jetzt übertrage ich dir die Suche nach dem Mädchen, Adulesci. Du musst sie finden, denn das Ende von Mond ist nahe. Der Hüter aller Welten hat gesagt, dass sie geboren wird, bevor Mond stirbt. Bald ist es so weit, und uns bleibt nicht mehr viel Zeit. Beeile dich, Adulesci!«

»Aber Mond ist so groß und ich bin ganz allein. Wie soll ich Lara finden?«

»Ehrlich gesagt glaube ich nicht, dass das Mädchen hier bei uns zu finden ist. Du weißt, wir haben ganz Mond abgesucht, wieder und immer wieder. Wir haben Geburtenbücher angelegt, in denen alle Namen der Neugeborenen eingetragen werden müssen – zur Registratur, wie wir es nannten –, aber in Wirklichkeit wollten wir Lara finden. Nichts. Wir haben alles getan, was wir konnten, wir haben sie nicht gefunden.«

»Aber wie soll ich sie dann finden?«, fragte Adulesci verzweifelt.

Der Letzte Weise zuckte mit den Achseln. »Du bist unsere letzte Chance. Du bist der Ur-Ur-Ur-...-Enkel von Ereek. Der Letzte von seinem Geschlecht.«

»Was?«, fragte Adulesci verwundert, »Ereek ist mein Vorfahre?«

Seine Eltern starben, als er noch klein war. Nachbarn hatten ihn aufgenommen. Er hatte keine richtigen Geschwister, aber er wuchs mit den Kindern seiner Nachbarn auf, und sie waren wie richtige Brüder und Schwestern für ihn. Er nannte sie auch so, und die Nachbarn waren seine Eltern geworden. Sie liebten ihn wie ihren eigenen Sohn.

»Aber wir Albinos leben in den Höhlen, und Ereek hat in einer Hütte auf der Erdoberfläche gewohnt«, wandte Adulesci ein.

»Damals war es zu gefährlich, weiter im Freien zu wohnen. Hungernde Wesen überfielen oft wehrlose Familien und nahmen alles mit. Deshalb gingen die Nachkommen von Ereek in die Höhlen, um dort in Ruhe und Sicherheit ein neues Leben aufbauen zu können. Im Laufe der Zeit passten sie sich immer besser an das Dunkel an. Ihre Haut wurde fahl, fast durchsichtig. Ihr Haar hatte die Farbe von Spinnweben. Doch das Wichtigste waren ihre Augen. Sie wurden mit der Zeit immer schärfer, und so gewöhnten sie sich an die Finsternis der Höhlen. Aber das weißt du besser als ich.«

5. Die Lange Suche

»Wo soll ich zu suchen beginnen?«, wollte Adulesci wissen, der von der Erzählung des Letzten Weisen noch völlig verwirrt war. »Ich kenne doch Mond gar nicht, außer den Höhlen der Albinos, die meine Heimat sind.«

»Oh, keine Sorge, du wirst Mond noch kennenlernen. Am besten du beginnst mit deiner Suche im Land der Tausend Seen, im Gebiet der Quer. Dort lebt eine Seherin. Nimm dir einen Flugvogel und flieg los.«

Adulesci nickte und verabschiedete sich. Danach ging er in die Ställe, um sich einen Flugvogel auszusuchen. Unschlüssig sah er sich die verschiedenen Vögel an. Die meisten dösten in ihren Boxen und sahen kaum auf, als er die Stallungen betrat. Welchen Flugvogel sollte er nehmen? Der Stallmeister kam auf ihn zu und fragte nach seinem Begehren.

»Ich brauche einen Flugvogel, der mich zu dem Land der Tausend Seen bringt«, sagte Adulesci.

»Hm«, der Stallmeister wiegte seinen Kopf hin und her. Er war ein Hüne von einem Mann, mindestens zwei Köpfe größer als der Albino und sehr muskulös. »Ich würde dir einen Hybriden empfehlen. Diese Vögel können sehr schnell fliegen und sind auch sehr ausdauernd. Und für deine Größe ist er auch gerade richtig.« Der Stallmeister ging zu einem Hybriden und legte ihm den

Sattel auf. »Bitte schön«, sagte er zum Albino gewandt, »es kann losgehen.«

Adulesci kletterte auf den Sattel, nahm die Zügel, die ihm der Stallmeister reichte, in die Hände und ehe er noch richtig Platz nehmen konnte, ging es schon los. Er war noch nie mit einem Hybriden, geschweige denn mit einem anderen Vogel geflogen, und so hatte er große Angst, als der sichere Boden unter ihm verschwand und der Palast immer kleiner und kleiner wurde.

Voller Panik klammerte er sich an den Zügeln fest, während sich kalter Angstschweiß auf seiner Stirn bildete.

Was würde passieren, wenn er jetzt hinunterfiele? Die ganze Welt fing an, sich in seinem Kopf zu drehen. Er hatte die Zügel so fest gepackt, dass die Knöchel seiner Hände schon ganz weiß hervortraten.

»Setzt dich bequemer hin und halt die Zügel nicht so verkrampft. So kann unsereiner doch nicht fliegen. Wenn du nicht mit uns umgehen kannst, dann bleib zu Hause«, schimpfte der Hybride.

»Entschuldigung. Ich bin noch nie geflogen«, sagte Adulesci mit zitternder Stimme.

»Ja, dann ... Aber du brauchst keine Angst zu haben. Bis jetzt ist bei mir noch keiner heruntergefallen«, beruhigte ihn der Hybride schon deutlich milder gestimmt.

»Wirklich nicht? Es ist ein bisschen hoch hier.«

»Ich werde ganz vorsichtig fliegen«, versprach er und zwinkerte ihm zu. Dann begann er einen steilen Sturzflug nach unten, den er knapp vor dem Boden abbremste. Der Albino schloss die Augen und schrie laut auf.

Als er sie zögernd wieder öffnete, flogen sie wieder ruhig dahin.

»Uff, das war knapp. Was sollte das eigentlich?«, beschwerte sich Adulesci.

»Wie fühlst du dich? Hast du Angst?«, fragte der Hybride.

Adulesci dachte nach und staunte. Er hatte tatsächlich keine Angst mehr! Überhaupt keine. Nur vor einem neuen Sturzflug fürchtete er sich. »Nein, ich habe keine Angst mehr«, sagte der Albino. »Übrigens, ich heiße Adulesci.«

»Angenehm, mein Name ist Hyd, der Hybride. Ich bin der schnellste Flugvogel des ganzen Palastes.« Stolz drehte Hyd seinen Kopf und schaute Adulesci erwartungsvoll an.

»Das glaube ich dir. Dieser Sturzflug vorhin zeigt, dass du sehr gut fliegen kannst.«

»Ach, das war noch gar nichts«, sagte Hyd stolz, und der Albino hatte das unbestimmte Gefühl, dass er Hyd nicht hätte loben sollen. »Halt dich fest«, sagte Hyd da auch schon und los ging's. Er flog eine scharfe Linkskurve, und nach einem weiteren Steilflug beschloss Adulesci, die Augen doch zu öffnen, damit er wenigstens sah, wann er starb. Nach einem Looping und einer weiteren scharfen Linkskurve begann Adulesci langsam, Spaß an diesem Flug zu finden. Insgesamt flog Hyd sechs Loopings, sieben scharfe Links-, acht scharfe Rechtskurven, drei Steilflüge nach unten, die alle knapp vor dem Erdboden endeten, vier Steilflüge nach oben, die sich dann in den Loopings fortsetzten und einen Doppellooping. Dieser Doppellooping war Hyds bestes Kunststück, auf das er auch sehr stolz war, da er, wie er behauptete, der einzige Flugvogel in allen Ländern Mondes war, der einen Doppellooping fliegen konnte. Momentan übte er sich an einem Dreifach-Looping, aber bis jetzt hat es noch nicht geklappt.

»Wie hat es dir gefallen«, fragte Hyd den Albino.

»Fantastisch. Es war einfach toll«, sagte Adulesci begeistert.

»Wohin soll ich dich fliegen?«

»Ich muss zum Land der Tausend Seen, ins Gebiet des Quer. Ist es weit bis dahin?«

»Nein, wir sind, wenn wir uns beeilen, in einigen Tagen dort.«

»Jetzt mal ehrlich, gibt es noch schnellere Flugvögel als die Hybriden?«, fragte Adulesci, der sich nicht vorstellen konnte, dass jemand noch schneller als Hyd fliegen konnte. Die Landschaft unter ihnen flitzte nur so an den beiden vorbei.

»Ja, es gibt noch Wesen, die schneller fliegen als wir. Es sind die Drachen.«

»Was, es gibt Drachen? Ich habe gedacht, sie wären alle gestorben, als ES geschah.«

»Nicht alle sind gestorben, nur die Lichtdrachen. Sie können ohne Sonnenlicht nicht überleben. Ich meine richtiges Sonnenlicht, nicht so düsteres, graues wie hier.«

»Ich kann es mir nicht anders vorstellen. Ich kann nicht glauben, dass Sonnenlicht einmal anders ausgesehen hat als heute«, bezweifelte Adulesci. »Ich kann mir nicht einmal Farben vorstellen und trotzdem spüre ich, wie trostlos das hier alles ist. Ich glaube, dass auch ich bald verrückt werde. Das Seltsame daran ist nur, ich weiß nicht, warum. Ich kann mir die Landschaft und alles andere nicht anders vorstellen, aber trotzdem halte ich es so, wie es jetzt ist, nicht aus. Ich habe Sehnsucht nach irgendetwas, weiß aber nicht, was es ist. Ich glaube, das macht mich verrückt.«

»So geht es mir auch«, seufzte Hyd, »und vielen anderen, mit denen ich darüber gesprochen habe. Ich glaube, früher oder später werden wir alle verzweifeln.«

»Genau – das ist es«, sagte Adulesci erregt. »Verzweiflung. Das ist das Wort, nach dem ich die ganze Zeit gesucht habe. Ich fühle eine große Verzweiflung in meinem Herzen und sie breitet sich aus. Zuerst habe ich sie nur selten gespürt. Doch jetzt fühle ich sie immer öfter und gerade dann, wenn ich sie am wenigsten erwarte.«

Es wurde langsam dunkel und Hyd suchte ein Nachtlager. Kurze Zeit später landeten sie auf einem erhöhten und fast ebenmäßigen Platz, der weich mit Gras gefedert war, sodass sie ganz sanft landeten. Beide waren müde von dem anstrengenden Flug, und da sie wussten, dass sie morgen wieder den ganzen Tag unterwegs sein würden, beschlossen sie, zuerst etwas zu essen und danach gleich zu schlafen.

Nachdem Adulesci Hyd den Sattel abgenommen hatte, suchte er Holz für ein Feuer, während Hyd sich am Gras gütlich tat. Endlich hatte der Albino genügend Holz gesammelt und machte Feuer. Dann nahm er das Fleisch aus seiner Proviantasche, die er an Hyds Sattel festgebunden hatte, und briet gleich alles auf einmal. Er wusste nicht, ob sie in Gegenden kamen, in denen es kein Holz für Feuer gab und dann konnte er es auch kalt essen. Als das Fleisch endlich gar war, aß er ein Stück davon und packte den Rest wieder ein. Danach holte er sich eine Decke und verwendete den Sattel als Kopfkissen. Er legte sich neben das Feuer und wickelte sich warm ein. Kurze Zeit später fiel er in einen tiefen und traumlosen Schlaf.

Irgendetwas Nasses, das über sein Gesicht strich, weckte ihn.

»Wir müssen weiter«, sagte Hyd und strich ihm ein weiteres Mal mit seiner Zunge übers Gesicht. Es kitzelte. Adulesci gähnte ausgiebig und streckte sich.

»Ich bin gleich fertig«, meinte er und packte die Sachen zusammen. Das Feuer war bereits erloschen und die Asche kalt, wie sich Adulesci überzeugte, bevor sie aufbrachen.

Nach drei weiteren Tagen erreichten sie das Land der Tausend Seen. Sie überflogen es langsam in einem immer enger werdenden Kreis, um jemanden zu finden, der sie zur Seherin bringen konnte. Adulesci betrachtete das Land unter ihnen und war von seiner Schönheit überwältigt. Überall gab es Seen, größere und kleinere, runde und ovale, quadratische und rechteckige. Das Wasser war natürlich schwarz. Schwarz mit hellen Fäden durchzogen. Manche Seen hatten mehr Fäden, andere weniger, und so waren alle doch verschieden schwarz. Die Fäden schienen zu leuchten. Entlang der Seen wuchsen Bäume. Manche ragten sogar ins Wasser hinein.

»Ich habe noch nie etwas so Schönes und dabei so Unheimliches gesehen«, staunte Adulesci.

»Ja, es ist wunderschön«, bestätigte Hyd andächtig. »Ich war schon in vielen Gegenden Mondes und habe schon viel gesehen, aber so etwas noch nie. Es ist fremd und anders als alles, was ich bis jetzt gesehen habe.«

Schweigend genossen sie eine Weile die Landschaft, bis Adulesci die Stille mit einem Ruf unterbrach: »Sieh nur, dort ist jemand! Siehst du sie?« Adulesci deutete auf einen der Seen, und jetzt konnte auch Hyd die Leute erkennen, die am Ufer standen.

»Ich suche einen Fleck zum Landen«, sagte Hyd, und eher er noch zu Ende gesprochen hatte, setzte er zum Sturzflug an. Kurze Zeit später landeten sie auf einer kleinen Lichtung in einem nahegelegenen Wald. Man musste sie bemerkt haben, denn kaum war Adulesci abgestiegen, kamen schon die ersten von ihnen neugierig auf Hyd und den Albino zu. Sie blieben ungefähr zwanzig Meter vor ihnen stehen. Sie waren klein, etwas kleiner als Adulesci. Die Albinos waren bekannt für ihre Kleinwüchsigkeit. Die Höhlen waren oft sehr eng, und so war es von Vorteil, klein zu sein. Und er selbst war für sein Alter – er war vierzehn Jahre alt – besonders klein. Oft schon hatten die anderen Kinder ihn wegen seiner Größe verspottet, aber dann hatten sie ihn, Adulesci, ausgewählt, als Vertreter bei der großen Ratsversammlung teilzunehmen. Da waren seine Freunde neidisch gewesen, obwohl sie sich für ihn gefreut hatten. Er selbst war sehr stolz, hatte aber auch ein bisschen Angst davor, seine Heimat zu verlassen. Noch nie war er draußen, außerhalb der Höhlen, gewesen. Zuerst hatte er ein ungutes Gefühl gehabt und sich vor so viel freiem Raum gefürchtet, aber mittlerweile genoss er es, nicht mehr in engen Höhlen zu stecken. Draußen gab es viel mehr zu entdecken.

»Hallo, ich bin Adulesci und suche die Seherin«, schrie er nun laut, damit ihn alle hören konnten. Er betrachtete sie. Ihre Kleidung hatte den gleichen grauen Farbton wie die Büsche rings herum. Darum hatte er sie auch erst so spät bemerkt. Aus der Luft konnte man sie nur schwer von der Umgebung unterscheiden. Wahrscheinlich war das auch der Zweck der Kleidung – Tarnung. Aber wovor? Fürchteten sie sich vor jemanden oder vor etwas?

Sie kamen etwas näher. Einer von ihnen, ein etwas älterer Mann, trat vor: »Wir kennen keine Seherin.«

»Ich muss sie dringend sprechen«, Adulesci ließ sich nicht entmutigen. Der Letzte Weise hatte gesagt, dass sie hier lebte. Irgendjemand log.

»Dann hast du diese Reise umsonst gemacht.«

»Ist das nicht das Gebiet der Tausend Seen, seid ihr nicht das Seenvolk?«, fragte der Albino.

»Doch, wir sind das Seenvolk, aber hier gibt es trotzdem keine Seherin. Hier hat es noch nie eine gegeben.«

Adulesci war verwirrt.

»Du hast einen langen Weg hinter dir, hast du Hunger?«, der Mann musterte die beiden. »Kommt erst mal mit in unser Dorf, dort könnt ihr etwas essen und schlafen«, lud er sie ein.

Gerne nahmen sie das Angebot an. Und so machten sie sich auf den Weg. Es war eine seltsame Landschaft, durch die sie gingen. Überall standen kleine Gebüsche, aber diese Gebüsche bestanden nicht aus einzelnen Pflanzen, nein, die Gebüsche waren eine einzige Pflanze und diese fraß – ja, tatsächlich – Fleisch. Adulesci beobachtete einige Kinder, die sie mit Fleischbrocken fütterten.

»Was ist das für eine Pflanze?«, fragte Adulesci neugierig.

»Das ist keine Pflanze, dass ist Neuamod, ein Tier. Wir füttern es, und dafür gibt es uns zu trinken.«

»Aber wofür denn das, hier gibt es doch so viel Wasser, da braucht ihr doch nicht dieses Ding zu füttern«, meinte der Albino misstrauisch. Dieses ganze Volk kam ihm seltsam vor.

»Doch, wir können das Wasser der Tausend Seen nicht trinken, es ist giftig. Wenn wir es trinken, sterben wir.«

Adulesci schwieg erstaunt. Überall von Wasser umgeben zu sein, das man nicht trinken konnte, musste entsetzlich sein. Aber es schien diesen Leuten nichts auszumachen. Natürlich, sie kannten es nicht anders. Er dachte an die großen unterirdischen Seen, die sich in den Höhlen, seinem Zuhause, befanden. Alle Kinder liebten es, darin zu schwimmen, und auch er selbst war ein sehr guter Schwimmer. Immer war er allen anderen voraus gewesen und wenn seine Freunde schon erschöpft am Ufer saßen, schwamm er immer noch wie ein Fisch herum. Wann würde er wieder zu Hause sein?

6. Das Seenvolk

Plötzlich hielt die Gruppe an. Adulesci sah sich um. Nichts deutete darauf hin, dass sich hier ein Dorf befand.

»Wir sind da«, sagte der Anführer, wie Adulesci ihn nannte, und dann rief er laut: »Hallo, wir sind wieder da und wir haben jemanden mitgebracht!« Plötzlich wimmelte es überall von Leuten. Kinder liefen zwischen Adulescis Beinen herum und ein lautes Geschrei war zu hören.

»Wo kommen die alle her?«, fragte der Albino den Hybriden, der neben ihm stehen geblieben war.

Doch Hyd konnte nicht mehr antworten, da inzwischen der Anführer wieder sprach: »Ruhe, Leute, seid doch mal still!« Augenblicklich wurde es vollkommen still. »Das sind Adulesci und Hyd, sie bleiben heute Nacht bei uns«, stellte er sie vor und zu ihnen gewandt meinte er: »Ruht euch etwas aus, bis das Essen fertig ist.«

Dann verschwand er in einem Busch. Doch es war kein Busch, wie Adulesci jetzt bemerkte. Es waren Häuser. Als er genauer hinsah, bemerkte er die Fenster und Türen. Das Dorf war wirklich fabelhaft getarnt. Er setzte sich ins Gras und beobachtete das Treiben der Leute. Die Frauen – Adulesci erkannte sie an ihrem Schmuck – rannten geschäftig hin und her und trugen alles zusammen, was sie für das Essen brauchten. Doch obwohl sie so beschäftigt waren, unterhielten sie sich die ganze Zeit. Ständig redeten sie alle durcheinander. Der Albino fragte sich, wie sie bei diesem Durcheinander etwas verstehen konnten, aber offensichtlich war es für sie kein Problem. Auch die Männer redeten ununterbrochen. Sie waren damit beschäftigt, Holz zu sammeln oder ihr Gewand zu flicken. Adulesci schaute ihnen interessiert zu. Die Kleidung wurde tatsächlich aus den Büschen hergestellt. Sie sammelten die herabgefallenen Blätter und tauchten sie ins Wasser der Seen. Dann ließen sie die Blätter einige Tage im Wasser liegen. Daraus machten sie alles, was sie brauchten: Die Wände und Dächer der Häuser ebenso wie die Möbel und ihre Gewänder. Sie waren sehr geschickt darin, wie er sich überzeugte, als er einige Frauen des Seenvolkes beobachtete, die gerade Babykleider aus den Blättern webten.

»Du musst sehr schnell sein, weil die Blätter rasch trocknen und dann ganz hart werden. Zuerst nimmst du die Blätter aus dem Wasser und schlägst sie auf ein Tuch, damit das Wasser herunter rinnt. Erst wenn sie nicht mehr nass, sondern nur noch feucht sind, kann man sie verwenden. Bei Kleidern werden sie ineinander geflochten …«

Adulesci starrte gebannt auf die flinken Hände der Frau, die ihm gerade erklärte, wie man Babykleidung herstellt und dabei ihre Tätigkeit weder unterbrach, noch die Geschwindigkeit verringerte.

»… und dann wartet man nur noch, bis es trocken ist. Die Kleidung ist so hart, dass sie kein Speer durchdringen kann, und sie ist wetterfest. Erinnert ihr euch an Grobroa, die webte Kleider – einfach toll und diese Muster …«

Adulesci fragte sie: »Woraus besteht das Wasser der Seen?«

Sie starrte ihn verwundert an: »Das weiß ich nicht.«

»Woher wisst ihr dann, dass man es nicht trinken kann?«, wollte Adulesci wissen.

Die Frau überlegte: »Meine Mutter hat es mir gesagt.«

»Ja, und mir meine. Sie hat mir verboten, aus dem See zu trinken, als ich klein war«, nickte eine andere zustimmend. »Ach, wisst ihr noch, was Mara zu Luck gesagt hat, als …«

Adulesci hörte nicht mehr zu. Aber er nahm sich vor, seine Frage dem Anführer zu stellen. Wo war er eigentlich? Er wollte ihn suchen und stand auf. Er ging gerade auf eine Gruppe von Männern zu, die Holz hackten und natürlich ununterbrochen redeten, als er laute Kinderschreie hörte.

Hexe, Hexe, komm heraus,
sonst zünden wir es an, dein Haus,
wenn du aber kommst,
dann laufen wir davon!

Waren die Kinder in Gefahr? Die anderen beachteten ihre Schreie nicht. Adulesci beschloss nachzusehen und folgte dem Lärm. Er kam auf eine kleine Lichtung und war beruhigt. Die Kinder waren nicht in Gefahr, sondern spielten eine Art Fangen. Ein Kind stand hinter einem

Baum und hatte die Augen geschlossen, die anderen versteckten sich. Als alle ein Versteck gefunden hatten, schrie es laut: »Hexe, Hexe komm heraus ...« Dann musste das Kind die anderen suchen und fangen. Derjenige, den es zuerst gefangen hatte, war die neue Hexe.

Adulesci wollte gerade zurückgehen, als ihm ein eigenartiger Gedanke kam: Wenn die Hexe die Seherin war, die er suchte? Er ging auf ein kleines Mädchen zu, dass etwas abseits stand und nicht mitspielte.

Adulesci fragte: »Warum spielst du nicht mit? Magst du das Spiel nicht?«

Das kleine Mädchen warf den anderen Kinder einen sehnsüchtigen Blick zu: »Doch, ich möchte schon gerne mitspielen. Aber ich kann nicht gut laufen.«

Da bemerkte der Albino, dass ein Bein des Mädchens kürzer war als das andere. Er blickte in ihre Augen und sah tiefe Traurigkeit darin. Es war wohl nicht nur vom Fangenspielen ausgeschlossen.

»Hm«, überlegte er einen Moment, »mal sehen, was sich da machen lässt. Komm mal mit, Kleine. Wie heißt du eigentlich? Ich bin Adulesci.«

»Ich heiße Ellena«, antwortete das Mädchen.

Sie gingen zu den Frauen, die die Babykleidung aus den Blättern herstellten. Ellena redete die ganze Zeit über kein Wort. Adulesci fragte die Frauen, ob er einige Blätter haben könnte, und sie gaben ihm welche. Er schlug sie gegen das Tuch, bis sie nicht mehr nass, sondern feucht waren, so wie es ihm die Frau erklärt hatte. Dann nahm er den Schuh von ihrem kürzeren Fuß und legte die Blätter auf die Sohle. Sie waren sehr glitschig und fühlten sich eklig an und es war gar nicht so einfach, sie gleichmäßig aufzutragen. Das Mädchen sah ihm interessiert zu. Ein leises Lächeln umspielte ihre Lippen, so als ob sie etwas wüsste, von dem der Albino keine Ahnung hatte. Wahrscheinlich stellte er sich sehr ungeschickt an. Auch die Frauen beobachteten ihn. Als die Sohle so dick war, dass sie den Unterschied zwischen beiden Beinen ausglich, ließ er den Schuh trocknen. Er erklärte dem Mädchen, dass sie mit der dicken Sohle keine Probleme beim Laufen mehr haben würde und war sehr zufrieden mit sich. Adulesci unterhielt sich ein bisschen mit ihr und erfuhr, dass sie noch zwei Brüder und eine große Schwester hatte.

Dann war der Schuh trocken, aber als er ihn aufhob, brach die Sohle in viele Stücke. Das Mädchen lachte vergnügt und auch die Frauen lachten. Adulesci war zuerst verärgert; Ellena hatte die ganze Zeit gewusst, dass es nicht funktionieren würde, hatte aber kein Wort gesagt. Doch dann musste auch er lachen. Ellena nahm einige Blätter, schlug sie trocken und zeigte ihm dann, wie man sie richtig verband, sodass sie eine Einheit bildeten und nicht mehr beim Trocknen zersprangen. Es steckte viel mehr dahinter, als Adulesci zuerst gedacht hatte. Es sah so leicht aus, wie ihre flinken Finger über die Sohle glitten und ein Blatt ums andere auftrugen und verbanden. Als der Schuh trocken war, reichte sie ihn stolz dem Albino. Er lobte sie: »Das hast du sehr geschickt gemacht. Wirklich gute Arbeit. Du wirst sicher einmal berühmt sein für deine Arbeit mit den Blättern, wenn du groß bist.« Adulesci sollte sich nicht täuschen.

Sie wurde wirklich sehr bekannt mit ihren Mustern und Werkstücken.

Dann reichte er ihr den Schuh und bedeutete ihr, ihn anzuziehen. Er passte ganz genau. Der kürzere Fuß war ausgeglichen. Jetzt ließ er sie einige Schritte gehen. Dann rief er: »Wer ist schneller?«, und fing an zu laufen. Sie blieb dicht hinter ihm. Adulesci hörte einen vergnügten Schrei. Er blieb stehen, drehte sich um und blickte in ein freudestrahlendes Gesicht. Unwillkürlich musste er lachen: »Jetzt lauf schon zu den anderen und zeig ihnen, was du kannst – oder willst du sie nie beim Wettlauf besiegen?«

Die Kleine blickte ihn unschlüssig an, doch dann rannte sie los.

Adulesci ging leise, noch immer vor sich hin lächelnd, zum Dorfplatz zurück. Schon von Weitem stiegen ihm herrliche Düfte in die Nase. Die Vorbereitungen für das Abendessen waren fast fertig. Der Anführer erwartete ihn schon. Er bat Adulesci an einer großen Tafel Platz zu nehmen, es würde nicht mehr lang dauern. Die Stühle waren etwas klein und die Tafel war sehr niedrig, sodass es für ihn ziemlich unbequem war. Auch die Möbel waren natürlich aus den Blättern hergestellt. Allerdings waren sie wundervoll verziert, ganze Szenen konnte Adulesci erkennen. Da waren Jagden dargestellt. Jäger mit Speeren und mit anderen Waffen, deren Namen er nicht kannte. Auch die Tiere, die sie erlegten, kannte er nicht. So weit Adulesci sehen konnte, bedeckten diese Szenen die riesige Tafel, die das Seenvolk aufgestellt hatte, als er gerade mit Ellena unterwegs war. Die Tafel nahm den ganzen Dorfplatz ein. Es waren mindestens zweihundert Stühle aufgestellt.

»Es sind genau einhundertachtundneunzig«, erklärte der Anführer, der Adulesci die ganze Zeit über beobachtet hatte.

Der Albino fragte den Gastgeber nach seinem Namen.

»Ich heiße Arran und bin der Vater der kleinen Ellena. Ich danke dir für deine Hilfe.«

Adulesci lächelte abwehrend: »Das war doch nur eine Kleinigkeit!«

Plötzlich ertönte ein lauter Gong. Von allen Seiten strömten die Bewohner herbei. Lachend und laut redend setzten sie sich an ihre Plätze.

»Wir essen immer alle zusammen.«

Auch die kleine Ellena kam mit geröteten Wangen und glänzenden Augen angerannt und setzte sich auf ihren Platz, rechts von Adulesci. Stolz berichtete sie ihrem Vater, wie gut sie beim Fangenspielen war und dass fast keiner sie hatte einholen können. Arran lächelte glücklich, während er ihr strahlendes Gesicht betrachtete.

Dann wurde das Essen aufgetragen. Einige Frauen stellten große Schüsseln auf die Tische, die dann weitergereicht wurden. Es dauerte einige Zeit, bis jeder das Essen auf seinem Teller hatte. Die Teller selbst waren sehr seltsam. Sie waren länglich und hatten drei Einteilungen, eine für die Vorspeise, eine für die Haupt- und eine für die Nachspeise, wie Ellena Adulesci erklärte. Der Albino war gewohnt, dass die einzelnen Gänge nacheinander und nicht miteinander serviert wurden. »Wird das Essen nicht kalt?«, fragte er.

»Kalt? Aber es soll doch kalt werden. Warmes Essen schmeckt scheußlich. Ist euer Essen denn warm?« Sie sah ihn leicht angeekelt an.

Das Essen selbst sah auch sehr komisch aus, schmeckte aber ausgezeichnet, obwohl Adulesci es warm bevorzugt hätte. Ellena erklärte ihm, dass die Vorspeise aus in Mehl gebackenen Fischaugen bestehe. Die Hauptspeise bildete gebratene Fische und die Nachspeise waren Beeren in Blätter gewickelt und mit einer speziellen Sauce übergossen.

Die Fische fingen sie in den Seen und die Beeren sammeln sie in den Wäldern. Jeden Tag gab es das gleiche Essen. Sie kannten nur diese Speise. Und sie aßen auch nur einmal am Tag, eben am Abend, erfuhr Adulesci von dem Mädchen. Der Albino bemerkte, dass die Leute nicht einmal beim Essen ihre Gespräche beendeten. Sie sprachen mit vollem Mund und blieben nicht einen Moment ruhig.

›Ob ihnen niemals der Gesprächsstoff ausgeht?‹, fragte sich Adulesci. Offensichtlich nicht.

»Warum redest du eigentlich nicht? Bist du krank?«, fragte Ellena, als sie beim Nachtisch angelangt waren.

»Nein, aber ich höre dir zu, und wenn ich dir zuhöre, kann ich nicht reden, weil du ja redest.«

Die Kleine sah ihn verständnislos an. »Wenn ich mit Papa rede, dann hört er mir zu, auch wenn er gleichzeitig mit mir oder mit Mama oder mit einem anderen redet. Kannst du das nicht?«

Adulesci musste verneinen: »Nein, ich beherrsche diese Fähigkeit nicht.«

»Wie ist es bei dir zu Hause?«, wollte das Mädchen wissen.

»Nun, wir wohnen in Höhlen und essen keinen Fisch. Es ist das erste Mal, dass ich Fisch esse ...« Irritiert hielt er inne. Ellena hatte begonnen, sich mit ihrer Nachbarin zu unterhalten.

»Warum redest du nicht weiter?«, fragte sie.

»Ich habe gedacht, du hörst mir nicht mehr zu.«

»Doch, ich habe dir die ganze Zeit zugehört.«

»... und bin nun auf der Suche nach der Seherin, die irgendwo hier leben soll«, schloss er seinen Bericht. Natürlich hatte er ihr nicht verraten, warum er sie sprechen musste, sondern ihr nur erzählt, dass er sie suchen wollte, um sie etwas Wichtiges zu fragen.

»Was willst du sie fragen?«, wollte das Mädchen aber sogleich wissen.

»Stell nicht solche Fragen. Adulesci ist unser Gast«, wies ihr Vater sie zurecht. Dann wandte er sich an den Albino: »Wir wissen nicht mehr über sie, als uns eine alte Geschichte berichtet. Ich werde sie dir etwas später erzählen.«

Nach dem Essen suchte Adulesci Hyd, der etwas abseits Gras gefressen hatte. Zusammen gingen sie zum Haus von Arran. Dieser wartete schon auf sie. Gemütlich stopfte er sich seine Pfeife und rauchte – natürlich – Blätter. Ein angenehmer Duft durchdrang die Luft. Zu seinen Füßen saß Ellena.

Arran begann zu erzählen:

»Wir lebten nicht immer in diesen Blätterhäusern. Früher hatten wir schöne Häuser, aus Steinen gebaut, die wir im Winter mit Holz heizten. Damals konnten wir auch das Wasser der Seen noch trinken und wir lebten ohne Furcht und Sorgen. Es fehlte uns zwar etwas, was wir nicht näher erklären konnten« – ›Die Farben‹, dachte Adulesci –, »aber im Großen und Ganzen waren wir glücklich bis ...« Er unterbrach kurz, fuhr dann aber fort: »... bis eines Tages ein Mädchen geboren wurde. Schon ihre Geburt stand unter einem schlechten Stern. Es war eine klare Vollmondnacht. Um Mitternacht zogen plötzlich Wolken auf und dann ging ein furchtbares Unwetter los. Unheimliche Blitze fuhren vom Himmel hernieder, als ob sie alles vernichten wollten. Doch es donnerte nicht. Es war ganz still. Kein Tierschrei war zu hören und auch die Menschen sprachen kein Wort. Nicht einmal die Babys weinten. Alle hatten zu viel Angst. Dann – mit dem ersten Donnerschlag – kam das Kind zur Welt. Es war ein Mädchen. Es sah genauso wie alle Babys aus, bis auf die Augen. In ihren Augen lag ein Ausdruck, der tiefstes Verständnis vom Wesen der Welt widerspiegelte. Das Baby schlief nicht, sondern schien uns alle mit seinen Augen förmlich aufzusaugen. Es beobachtete uns alle unverwandt, die ganze Nacht über. Wir hatten große Angst vor ihm. Zuerst diese grausige Nacht, dann diese Augen. Wir beschlossen, das Baby auszusetzen und es den Naturgewalten zu überlassen – in der Hoffnung, dass es sterben würde. Aber es überlebte. Nach etwas mehr als zehn Jahren kam das Mädchen ins Dorf zurück. Wir liefen alle auf dem Dorfplatz zusammen. Sie musterte uns mit kalten Blicken, dann verfluchte sie uns. Unsere Häuser zerfielen zu Staub und das Wasser der Seen war vergiftet. Als ein Kind einmal daraus trank, starb es qualvoll. Damit wir nicht verdursteten, schickte sie uns dieses Tier – Neuamod –, dem wir zu essen geben, und es gibt uns dafür zu trinken. Aus Angst davor, dass sie eines Tages zurückkommt, haben wir uns so gut wie möglich getarnt. Wir hoffen, dass sie uns nicht findet, obwohl es eigentlich sinnlos ist, weil sie weiß, dass wir in der Nähe von Neuamod leben müssen. Aber so fühlen wir uns sicherer. Sie selbst wurde eine berühmte Seherin, zu der früher viele Leute kamen. Jetzt hat sie sich auf eine Insel zurückgezogen, die in einem der Seen liegt. Ich weiß nicht, ob sie noch lebt, aber sie muss mittlerweile schon sehr alt sein.«

Dann schwiegen beide eine Weile.

»Was willst du jetzt machen? Willst du sie noch immer suchen?«, fragte Arran schließlich.

»Ja, ich will morgen zu dieser Insel mit Hyd fliegen und nachsehen, ob sie noch lebt und ob sie mir helfen kann.«

»Das wird schwieriger werden, als du glaubst«, warnte ihn der Anführer des Seenvolkes. »Es haben schon einige vor dir versucht, zu dieser Insel zu gelangen. Wir haben sie nie mehr wiedergesehen. Pass auf dich auf.«

Adulesci zog es vor, die Nacht im Freien bei Hyd zu verbringen. Die Häuser waren wirklich zu klein und voll belegt, er hätte darin kaum Platz gefunden.

Am nächsten Morgen verabschiedete er sich vom Seenvolk und flog von ihren Glückwünschen begleitet auf Hyds Rücken in Richtung der Seen. Er befahl Hyd dicht über der Wasseroberfläche zu fliegen, damit sie die Insel nicht übersähen. Doch es kam keine Insel in Sicht. Adulesci blickte um sich und sah nur Wasser. Komisch, der See war doch nicht so groß. Auch Hyd war irritiert.

Nachdem sie über eine Stunde geflogen waren, war noch immer kein Land, nicht einmal das Ufer zu sehen. »Was ist bloß los? Wo sind sie?« Adulesci hatte die Orientierung vollkommen verloren. Hyd schlug ihm vor, etwas höher zu fliegen, vielleicht konnten sie dann etwas erkennen. Aber so hoch Hyd auch flog, sie sahen nur Wasser, immer diese schwarze Brühe von weißen Fäden durchzogen. Adulesci fing an, es zu hassen. Aber es sollte noch schlimmer kommen. Hyd fragte ihn, ob sie nicht besser umkehren sollten, aber der Albino wusste, dass es keinen Sinn hatte. Egal in welche Richtung sie flogen, sie würden nicht aus dieser Wasserhölle herauskommen, bevor es die Seherin erlaubte. Er hatte ihre Macht vollkommen unterschätzt.

»Er hätte mich warnen können«, warf der Albino dem Letzten Weisen vor. Doch das brachte ihn auch nicht weiter. Deshalb schob er diesen Gedanken von sich. »Ich werde nicht aufgeben!«, rief er laut und hoffte, dass die Hexe es hörte. Stundenlang flogen sie dahin. Adulesci verspürte Durst, doch er hatte kein Wasser mehr.

Auch Hyd wurde langsam müde. Sein Flügelschlag war nicht mehr so kraftvoll wie zu Beginn ihrer Reise und er flog jetzt dicht an der Wasseroberfläche dahin, um seine Kräfte zu schonen.

Als die Nacht hereinbrach wussten beide, dass sie nicht mehr lange durchhalten konnten. Was würde passieren? Sie würden wohl ertrinken und die Reise war zu Ende, bevor sie richtig begonnen hatte.

Hyd bemühte sich wirklich sehr. Die halbe Nacht flogen sie noch so dahin. Adulesci hatte Mühe, sich festzuhalten, damit er nicht herunterfiel. Dann wurden die Flügelschläge immer unregelmäßiger. Hyd stieß einen erschöpften Schrei aus, der den Albino aus seinem Schlummer weckte. Sie fielen ins Wasser. ›Jetzt ist es also zu Ende‹, dachte Adulesci. So hatte er sich das Ende seiner Reise nicht vorgestellt.

7. Bei den Barris

Als der Albino die Augen öffnete, bemerkte er, dass er sich in einem kleinen Zimmer befand. Außer dem Bett, auf dem er lag, befanden sich noch ein Schrank, ein Tisch, ein Stuhl und eine Vitrine darin. Diese Gegenstände füllten den Raum beinahe aus. Adulesci versuchte aufzustehen. Er verspürte ein starkes Schwindelgefühl, sodass er sich nach einigen Schritten wieder auf das Bett setzen musste. Die Bettdecke war aus quadratischen grauen Flecken zusammengesetzt. Hell hoben sich die Figuren vom Hintergrund ab. Adulesci betrachtete sie nachdenklich. Es waren kleine Leute mit Flossen. Flossen? Ja, es waren Barris. War er bei den Barris? Aber die lebten doch tief unten am Grund der Tausend Seen. Was war passiert? Er erinnerte sich an den Flug auf Hyds Rücken über den See, dann der Absturz und dann das Ertrinken. Sein ganzer Körper fing zu zittern an, als er daran dachte. Dann wusste er nichts mehr. Wo war Hyd? Lebte er, oder war er tot? Und er selbst? War das der Tod?

»Nein, du bist am Leben.«

Adulesci hatte den Barri nicht bemerkt, der gerade ins Zimmer gekommen war. Er hatte wohl die letzten Worte laut ausgesprochen.

»Wie geht es dir?«, fragte der Barri.

»Hm, ich fühle mich ein bisschen schwindlig, aber sonst geht es mir gut, danke.«

»Mein Name ist Bo der Follenfischer. Ich wurde so genannt, weil ich so gerne Follen esse und sehr hoch in die Luft springe, um sie zu fangen«, stellte er sich vor. »Follen sind kleine runde Quallen, die sehr süß schmecken«, fügte er hinzu, als er den verständnislosen Gesichtsausdruck des Albinos bemerkte.

»Ich heiße Adulesci.«

»Adulesci – und was weiter?«

»Nichts weiter, nur Adulesci. Ich bin ein Albino.«

»Gut, dann werde ich dich Adulesci der Albino nennen. Jeder von uns hat einen Zusatznamen, sonst würden wir alle gleich heißen …« Er bemerkte Adulescis verwirrten Blick und fuhr lächelnd fort »Die männlichen Erstgeborenen heißen alle Mo, die zweiten Kinder Bo und dann Tro, Quadro … und die weiblichen folglich Ma, Ba, Tra, Quadra …«

»Dann hast du also noch einen Bruder«, bemerkte Adulesci.

»Ich habe vier Brüder und sechs Schwestern. Hast du Hunger?«

»Ja, sogar sehr großen.«

Der Barri verließ das Zimmer durch eine Türe, eigentlich war es eher ein Bullauge, rund und sehr klein. Der Durchmesser betrug ungefähr einen halben Meter. Adulesci verspürte Durst und stand auf, um Bo noch einzuholen. Er ging zur Tür und versuchte sie zu öffnen. Aber sie war verschlossen.

Er war also ein Gefangener.

Aufmerksam sah er sich um, ob es noch andere Öffnungen gab. Aber das Bullauge war der einzige Ausgang. Es blieb ihm also nichts anderes übrig, als sich auf das Bett zu setzen und abzuwarten, was geschehen würde. Während er wartete, fielen ihm Geschichten von Seefahrern ein, deren Schiffe vom Sturm versenkt wurden und die von den Barris gerettet wurden. Sie berichteten von unglaublichen Städten unter Wasser, die so groß waren wie die Hauptstadt, in der die Große Ratsversammlung stattgefunden hatte, von riesigen Palästen, in denen die Herrscher wohnten. Wenig erzählten sie von den Barris selbst. Sie sagten nur, dass sie sie gut behandelt hätten, aber sie hätten sie gefangen gehalten. Sie gelangten nur an die Oberfläche zurück, weil die Barris sie gehen ließen, aber sie hatten versprechen müssen, nichts über die Welt am Meeresgrund zu erzählen. Aber es hatten sich nicht alle daran gehalten, und so drangen doch Geschichten über das Leben am Grund der Tausend Seen zu den anderen Bewohnern Mondes. Angeblich lebten auch noch einige Seefahrer dort unten bei den Barris.

Den ersten Barri hatte Adulesci bei der Großen Ratsversammlung gesehen. Er war ebenfalls ein Vertreter gewesen. Neugierig hatte er das Bassin und den Barri selbst betrachtet. Damals wirkte er fehl am Platz, irgendwie unbeholfen und er war sicher froh gewesen, als er in das Reich der Barris zurückkehren konnte. Früher hatte Adulesci gedacht, dass die Geschichten über die Barris erfunden waren, dass sie Fabelwesen wären, inzwischen wusste er es besser. Doch was hatten sie mit ihm vor?

Das Bullauge ging auf und Bo kam langsam herein. In seinen Flossen trug er ein Tablett. Er ging sehr vorsichtig, um nichts zu verschütten und setzte es schließlich aufatmend auf den Tisch ab. »Magst du Algensalat und Krabbensauce? Als Hauptspeise gibt es Farafilet. Fara ist ein Fisch, der ausgezeichnet schmeckt. Was möchtest du dazu trinken? Ich habe dir Algenwein und Wasser mitgebracht.«

Adulesci entschied sich für das Wasser. Er wollte einen klaren Kopf behalten. Vorsichtig probierte er die Speisen. Sie schmeckten ungewöhnlich, aber sehr gut, und so aß er alles mit großem Appetit auf. Bo hatte ihm die ganze Zeit zugesehen und freute sich sichtlich über seinen Appetit. Nachdem der Albino zu Ende gegessen hatte, fragte er nach Hyd.

»Hyd? Der Hybride?«

Adulesci nickte zustimmend.

»Ja, der ist auch hier. Allerdings mussten wir ihm ein Schlafmittel geben, er hat den ganzen Raum verwüstet. Ich glaube, er wollte hinaus.«

»Kann ich ihn sehen? Vielleicht beruhigt er sich dann«, bat der Albino.

»Ich muss das abklären«, versprach Bo, nahm das Tablett und wollte den Raum verlassen. »Ach, was frisst denn dein Freund? Er hat nichts angerührt.«

»Eigentlich nur Gras. Aber das wird es hier nicht geben.«

»Wir versuchen es mit Barabalgen. Die kann man mit Gras vergleichen. Sie werden ihm zwar nicht sehr schmecken, aber es wird schon gehen«, murmelte er vor sich hin, als er den Raum verließ.

Adulesci musste ziemlich lange warten, bis Bo zurückkam. Langsam wurde ihm langweilig. Er dachte an all die Ereignisse, die er seit Beginn seiner großen Reise erlebt hatte. Eigentlich sollte er inzwischen schon wieder bei den Höhlen der Albinos sein, so wie auch die anderen Teilnehmer der Großen Ratsversammlung bereits wieder bei ihren Völkern waren. Doch ihn hatte der Letzte Weise ausgewählt, sich auf die große Suche nach der Hellen Seite zu machen. Er war schließlich der Ur-Ur-Ur-...-Enkel von Ereek.

Die Zeit lief ihm davon. Doch er konnte den Raum nicht verlassen und wahrscheinlich hätte es ihm auch nicht viel genützt, denn wie sollte er zur Wasseroberfläche gelangen? Er konnte zwar gut schwimmen und tauchen, aber so lange konnte er bestimmt niemals die Luft anhalten. Er seufzte. Und eine Lara gab es hier unten wohl auch nicht. Denn alle Mädchen hatten ja stets die gleichen Namen. Nein, die Wasseroberfläche würde er wohl nie wiedersehen. Verzweiflung stieg in ihm hoch und er spürte, wie ihm die Tränen in die Augen traten. Aber aufgeben wollte er auf keinen Fall. Vielleicht konnte er die Barris doch von der Wichtigkeit seiner Reise überzeugen, vielleicht halfen sie ihm ja. Sie schienen jedenfalls nicht böse zu sein, immerhin hatten sie ihm etwas zu essen und zu trinken gegeben. Das sprach dafür, dass sie ihn am Leben lassen wollten. Adulesci war hin und her gerissen zwischen Hoffnung und Verzweiflung. Doch langsam machte sich die Anstrengung der letzten Tage bemerkbar. Müdigkeit stieg in ihm auf. Er legte sich auf das Bett und schon bald schlief er ein.

Als er wieder aufwachte, wusste er nicht, wie viel Zeit inzwischen vergangen war, aber er konnte nicht sehr lange geschlafen haben, denn Bo kam gerade zurück.

»Du darfst Hyd besuchen. Kannst du schwimmen?«

»Ja«, nickte Adulesci.

»Gut, hier ist ein Sauerstoffbehälter.«

Er zeigte dem Albino, wie er ihn umhängen und handhaben musste. »Hier ist die Anzeige, wie viel Sauerstoff noch drinnen ist. Der Tank reicht, wenn er voll ist, für ungefähr zwei Drittel Flut. Verzeih, ich habe vergessen, dass ihr in Stunden rechnet. Das sind ungefähr zwei Stunden. Du weißt, die Flut dauert drei Stunden, die Ebbe ebenfalls und sechsmal Flut und Ebbe machen dann 36 Stunden – so lange dauert bei uns ein Tag. Halte dich in meiner Nähe und versuche nicht zu fliehen, du würdest nicht weit kommen.«

Bo ging voraus zum Bullauge und Adulesci folgte ihm. Es war gar nicht so leicht, durch das enge Loch zu klettern, vor allem nicht mit dem Sauerstoffbehälter auf dem Rücken. Der Albino schaute sich neugierig um. Sie waren in einem winzigen Raum, an dessen anderem Ende sich wiederum ein Bullauge befand. Bo zeigte Adulesci, wie er den Schlauch in den Mund nehmen musste, um Luft aus dem Sauerstoffbehälter zu erhalten. Erst als der Albino die ganze Sache einigermaßen sicher beherrschte, betätigte der Barri einen Schalter. Adulesci beobachtete, wie Wasser in den Raum floss, zuerst ein dünnes Rinnsal, aber bald schon ging es ihm bis zu den Knien. Leichte Panik erfüllte ihn. Vielleicht brachen die Wände unter dem Druck des Wassers zusammen und das Wasser holte sich die Kammer zurück! Bo schien das Wasser nichts auszumachen. Allerdings hatte er Adulescis Unruhe bemerkt.

»Das ist eine Schleuse«, erklärte er ihm, »sie ist notwendig, um von einem Element ins andere hinüberzutreten.«

Adulesci konnte sich nichts darunter vorstellen. Als das Wasser so hoch gestiegen war, dass es dem Barri über den Kopf reichte und dem Albino bis zum Hals, legte Bo einen Behälter ab. Er bemerkte Adulescis fragenden Blick. Der Barri erzeugte mit dem Mund eine Luftblase und füllte sie mit einigen Wörtern. Dann schickte er sie zu Adulesci. Der Albino fing sie mit den Händen auf. Bo bedeutete ihn, dass er den Kopf unter das Wasser halten und die Luftblase platzen lassen solle. Adulesci steckte seinen Kopf leicht verwirrt ins Wasser und ließ die Luftblase zerplatzen. Er hörte Bos Stimme, die ihm erklärte, dass er in Adulescis Element einen Tank benötige, der so ähnlich sei wie der, den der Albino jetzt trug. Im Wasser brauche er ihn nicht mehr und deshalb habe er ihn abgenommen.

Mittlerweile war der ganze Raum mit Wasser gefüllt. Die Kommunikation über Sprechblasen kam dem Albino seltsam vor. Vor allem, dass er die Stimme des Barri hörte, nachdem er die Luftblase platzen ließ. Ob es für den Barri auch seltsam war, als er mit ihm in dem Raum gesprochen hatte, wo die Bedingungen so anders waren? Wahrscheinlich. Er beschloss, ihn später danach zu fragen.

Bo bedeutete dem Albino ungeduldig, ihm zu folgen. Mühsam zwängte Adulesci sich durch das Bullauge. Eigentlich hieß es ›Das Tor zur anderen Welt‹, aber er nannte es lieber Bullauge.

Aber es war wirklich ein Tor zu einer anderen Welt. Der Albino sah sich fasziniert um. Alles war so fremd und einzigartig. Am Gang entlang standen bizarre Gebilde, eine Art Strauch, aber mit viel mehr Verästelungen und so fein, dass sie zerbrechlich wirkten. Sie waren aber steinhart, wie er herausfand, als er sie vorsichtig berührte. Es gab auch keine einheitliche Farbe, sondern sie schimmerten in vielen verschiedenen Grauschattierungen. Dazwischen schwammen viele Fische, manche ganz schwarz andere fast weiß. Es war ein solch schöner Farbzusammenklang, wie ihn Adulesci noch nie gesehen hatte. Er hätte nie gedacht, dass es so viele verschiedene Grautöne gab.

Bo war inzwischen schon weit voraus geschwommen und er musste sich beeilen, um ihn einzuholen. Doch wie sollte er sich bewegen? Die Barris hatten Flossen, so konnten sie sich sehr schnell und mühelos fortbewegen. Doch was sollte der Albino machen? Er hatte Hände und Füße und keine Flossen. Vorsichtig versuchte Adulesci, Schwimmbewegungen zu machen und siehe da, es klappte. Bald schon beherrschte er das Tiefschwimmen, wie er es nannte. Er war zwar nicht so schnell wie die Barris, aber er konnte sich doch gut fortbewegen. Und es machte ihm Spaß.

Bo hatte inzwischen auf ihn gewartet und vergnügt seine ersten Schwimmbewegungen verfolgt. Gemeinsam schwammen sie einige Gänge entlang. Es war ein richtiges Labyrinth. Oft kamen sie an Kreuzungen vorbei und trafen andere Barris, die sie neugierig musterten. Sie sahen bestimmt nicht oft einen Albino. Die Gänge erinnerten Adulesci an seine Heimat. In den Höhlen hatten sie auch viele Gänge mit zahlreichen Verzweigungen, in denen sich Fremde hoffnungslos verirren konnten. Er bemühte sich, Bo nicht aus den Augen zu verlieren. Ohne ihn fand er sicher nicht mehr zurück. Er hatte zwar einen guten Orientierungssinn, aber hier sah für ihn alles gleich aus.

Adulesci musste außerdem aufpassen, dass er die Sprechblasen nicht verpasste, die Bo ihm schickte. Es war gar nicht so einfach, sie im Schwimmen aufzufangen. Aber noch viel schwieriger war es, selbst eine Sprechblase zu schicken. Er musste etwas üben, bis er die Sprache der Barris beherrschte, und ab und zu gelang es ihm nicht, die Sprechblase mit allen Worten zu füllen und so musste er oft zwei oder mehrere hintereinander schicken. Aber mit der Zeit konnte er sich immer besser verständigen.

Die Gänge waren voll Wasser und an den Wänden standen diese Gebilde. Es waren Lebewesen, wie Bo erklärte. Diese Lebewesen, der Barri nannte sie Korallen, gab es überall in der Stadt, aber die prächtigsten waren im Palast des Herrschers.

Bo blieb vor einem Bullauge stehen. Er öffnete es und trat hinein. Dieses war größer als jenes, das den Eingang zu Adulescis Zimmer bildete. Viel größer. Hyd wäre auch nie durch so ein kleines Loch hindurchgekommen, überlegte sich der Albino. Er hatte keine Mühe, durch das Bullauge, das so groß wie ein Tor war, hindurchzuschwimmen. Auch die Schleuse war viel größer. Jetzt war sie voll Wasser, aber sobald die Tür geschlossen war und Bo einen Hebel umgelegt hatte, wurde es hinausgepumpt. Es dauerte sehr lange, bis der Raum völlig trocken war. Adulesci nahm seinen Tank ab, Bo hatte seinen schon längst aufgesetzt. Dann betraten sie das Zimmer. Es war mehr ein kleiner Saal, so groß, dass Hyd bequem Platz hatte. Der Albino bemerkte einen zerschlagenen Tisch und ein paar andere Möbel, die er nicht mehr erkennen konnte. Hyd selbst stand in der Mitte des Raumes und verschlang ein undefinierbares Zeug.

»Schmeckt scheußlich«, brummte er missgelaunt.

Adulesci lachte: »Schön, dich zu sehen, alter Junge.«

»Wo sind wir?«, fragte Hyd.

»Bei den Barris.«

»Unter dem Wasser?« Hyd war entsetzt.

»Beruhige dich, hier sind wir sicher.«

»Wie geht es weiter?«

»Das weiß ich nicht.« Adulesci sah Bo fragend an.

»Der König möchte euch sprechen. Er erwartet euch schon. Allerdings weiß ich nicht, ob Hyd schwimmen kann.«

»Ich bleibe hier und fresse lieber dieses Zeug.« Hyd mochte kein Wasser.

Adulesci nickte. »Ich komme dann wieder zu dir und berichte, wie es gelaufen ist.«

Bo und der Albino verließen das Zimmer. Die folgende Prozedur im Schleusenraum war für Adulesci nun schon ganz alltäglich. Danach schwammen sie zum Palast.

Wieder durchquerten sie unzählige Gänge, bis sie endlich ihr Ziel erreicht hatten.

8. Vor dem König

Bo hatte keineswegs übertrieben. Die Korallen waren viel schöner als alle, die Adulesci zuvor gesehen hatte. Sie schillerten in allen Farben, natürlich waren es nur Grautöne, aber er kannte ja nichts anderes. Zusammen mit den Fischen, die auch hier überall waren, bildeten sie eine großartige Kulisse, die die gewaltige Größe des Saales ausfüllte. Er war sogar noch größer als der Raum, in dem die Große Ratsversammlung stattgefunden hatte. In der Mitte, etwas erhoben, befand sich der Thron des Königs und seiner Gattin. Es war eine riesige Muschel, ganz weiß. Die Thronstühle selbst waren pechschwarz. Überall standen Barris herum, es mussten einige tausend sein und sie warteten auf ihn – Adulesci. Es waren noch viele andere Wasserwesen anwesend, die er nicht kannte. Aber alle waren prachtvoll gekleidet.

Als sie eintraten, verstummten die Gespräche, und der Albino fühlte, wie ihn ihre Augen musterten. Es waren aber keineswegs böse, sondern eher neugierige Blicke. Trompeten erklangen und ein Barri verkündete mit lauter Stimme: »Adulesci der Albino.« Der König winkte ihnen, näher zu treten.

Sie gingen zum Thron. Der König war schon sehr alt. Er hatte einen weißen Bart und trug enganliegende Hosen und einen weiten rauchfarbenen Mantel. Die Königin hatte langes schwarzes Haar, sie war etwas jünger als ihr

Mann. Adulesci konnte ihr Alter nur schwer schätzen. Sie musste in ihrer Jugend wunderschön gewesen sein, noch jetzt konnte er den Glanz der vergangenen Schönheit erkennen. Sie trug ein blütenweißes Kleid, tailliert und ganz lang. Ihre Augen verrieten große Güte und Freundlichkeit.

Vor dem König angelangt, verneigte sich Bo. Es war ein formvollendeter Kniefall. Adulesci machte es ihm ungeschickt nach. Als er aufblickte, bemerkte er ein leises Lächeln auf den Lippen der Königin. Der König befahl ihnen, sich zu erheben und entließ Bo, der einige Schritte zurücktrat. Dann wandte er sich dem Albino zu.

»So, du bist also ein Albino. Was suchst du so weit von der Heimat entfernt?«

Adulesci überlegte, was er ihm sagen sollte. Dann entschied er sich für die Wahrheit. Seine Ziehmutter hatte immer gesagt, dass man mit der Wahrheit am meisten erreichte. Lügen kamen immer ans Licht, und wer einmal log, dem glaubte man nicht mehr. Er berichtete von seinem Auftrag, die Seherin zu suchen, um ihr eine Frage zu stellen und was sich bis jetzt ereignet hatte.

»So, so«, entgegnete der König zweifelnd. »Du bist noch sehr jung. Hat dir der Letzte Weise wirklich einen so wichtigen Auftrag gegeben?«

Adulesci wusste, dass alles davon abhing, dass der König ihm glaubte und ihn zur Wasseroberfläche zurückbrachte. Sonst war Mond verloren. Aber der König schien nicht davon überzeugt zu sein, dass er die Wahrheit sagte. Sein Mut und seine Zuversicht sanken. Er warf der Königin einen verzweifelten Blick zu.

Von irgendwoher kam eine Sprechblase: »Er sagt die Wahrheit!« Adulesci blickte sich um, doch er konnte den Sprecher nicht erkennen.

Der König runzelte die Stirn. »Wer wagt es, eine Sprechblase zu schicken, ohne dass ich es ihm erlaubt habe?«

»Entschuldigung«, ein Barri trat vor. Er kam dem Albino irgendwie bekannt vor.

Die Königin wandte sich an den König und schickte ihm eine Sprechblase: »Höre dir an, was er zu sagen hat. Vielleicht ist es wichtig. Ich bitte dich darum.«

Der König meinte gnädig: »Also dann, berichte.«

Der Barri füllte Sprechblase um Sprechblase und erzählte dem König, dass er, wie dieser wisse, als Vertreter der Barris an der Großen Ratsversammlung teilgenommen habe. Er berichtete, wie Adulesci das Wort ergriffen hatte und den Zwischenfall am Nordtor schilderte. Dann hatte der Letzte Weise ihm einen Auftrag erteilt. »Er sagte: ›Ich beauftrage Adulesci, die Helle Seite zu finden‹«, wiederholte der Barri die Worte des Letzten Weisen.

Der König hatte die Sprechblasen schweigend angehört. Jetzt sagte er: »Ich muss mir das alles überlegen. In einer Stunde teile ich meine Entscheidung mit. Bis dahin könnt ihr Adulesci die Stadt zeigen.« Damit entließ er den Albino, der nach einer Verbeugung mit Bo den Saal verließ.

Bo fragte Adulesci, was er gerne sehen möchte.

»Keine Ahnung. Was habt ihr denn Besonderes?«

Der Barri zählte auf: »Den Turm der Muscheln, das Tiefe Wasser, das Schiff der Versunkenen Schätze, das Runde Zimmer mit dem Band der Tausend Gedichte …«

Adulesci unterbrach ihn lachend: »Zeig mir soviel wie möglich in dieser Stunde.«

»Okay. Komm mit.«

Bo bedeutete dem Albino, ihm zu folgen. Einige Zeit schwammen sie durch Gänge, die denen, die sie vorher durchquert hatten zum Verwechseln ähnlich waren. Dann erreichten sie einen großen offenen Platz. Adulesci war von dem Anblick überwältigt. Waren die Gänge eher dunkel gewesen, so war es hier richtig hell. Es war natürlich ein fahles Licht, wie es überall auf Mond herrschte. Aber er hätte nie gedacht, dass es unter dem Meer genauso hell war wie auf der Oberfläche im Licht der Sonne. Wie war das möglich?

Als hätte Bo seine Gedanken erraten, erklärte er: »Das Licht verdanken wir Helioskraka …«

»Helioskr… Wie?«

»Helioskraka. Ein Tier. Es ernährt sich vom Licht der Oberfläche. Dieses Licht gibt es an die Umwelt ab, an uns also.«

»Wo ist es? Ich kann es nicht sehen.«

»Du kannst es auch nicht sehen, weil es ganz durchsichtig ist. Es befindet sich direkt über uns.«

»Und wenn es weggeht? Seid ihr dann ganz ohne Licht?«

»Seit Alters her haben wir Angst davor, dass Helioskraka uns verlassen könnte. Aber irgendwie scheint es uns zu mögen.«

»Es ist – fantastisch. Dieses Licht. Hier ist es so hell, wie an der Oberfläche.« Adulesci staunte noch immer.

»Früher muss es noch viel großartiger gewesen sein. Die Legende berichtet, dass früher alles erleuchtet war. Die Gänge, durch die wir jetzt geschwommen sind, waren ein einziges Farbenspiel – was immer Farben auch sein mögen – mit den Korallen. Die ganze Stadt war erleuchtet. Helioskraka war damals viel größer – und es schrumpft noch immer. Nicht viel, aber jedes Jahr ein paar Zentimeter. Jetzt haben wir Angst, dass es noch mehr schrumpft und irgendwann gar nicht mehr da ist. Helioskrakas Licht ist für uns lebensnotwendig. Ohne Licht können wir nicht weiterleben. Es füllt nur noch diesen einen Platz aus. Siehst du die vielen Barris, die hier versammelt sind? Einmal pro Woche müssen wir hierher kommen, um Licht zu tanken. Sonst werden wir ganz traurig und würden wahrscheinlich Selbstmord begehen.«

Adulesci sah, dass der ganze Platz von Barris und deren Sprechblasen nur so wimmelte. Hier waren mindestens doppelt so viele, als vorher im Saal des Königs.

»Das ist der Turm der Muscheln.« Bo deutete in Richtung des Platzes. »Halte die Hand als Schirm vor die Augen, dann kannst du ihn erkennen.«

Adulesci schirmte seine Augen ab, und erst jetzt konnte er den Turm in der Mitte des Platzes sehen.

»Er ist ganz aus weißen Muscheln gebaut und reflektiert Helioskrakas Licht und verstärkt es.«

Sie schwammen näher heran. Es war schwierig, durch die Menge hindurchzukommen und sie gelangten nur langsam vorwärts. Überall standen Barris in Gruppen zusammen und schickten sich gegenseitig Sprechblasen. Kleine Barris, wohl die Kinder, schwammen spielend um die Gruppen herum.

Adulesci sah die vielen Sprechblasen, die fröhlich auf- und abhüpften. Er selbst verspürte, als sie den Platz betraten, ein Glücksgefühl, das sich in seinem ganzen Körper ausbreitete. Es war angenehm berauschend. Der Albino verstand jetzt, warum sie so von Helioskraka abhängig waren. Sie waren süchtig nach seinem Licht.

Nach einer Weile erreichten sie den Turm der Muscheln. Erst ganz knapp davor konnte Adulesci ihn endlich ungestört betrachten. Seine Wände bestanden aus weißen Muscheln von verschiedener Größe und Formen. Dieses unregelmäßige Muster machte seinen besonderen Reiz aus. Sie blieben eine Weile davor stehen.

»Kann man hinaufgehen?«, wollte Adulesci wissen.

»Nein, das ist nicht möglich. Komm weiter.«

Sie schwammen am Turm vorbei und überquerten den Rest des Platzes. Sie gelangten zu einer ovalen grauen Stelle, die in der Helle um sie herum bedrohlich aussah.

Adulesci sah Bo fragend an.

»Als ES geschah, verschwand die Helle Seite und alle Farben, wie du ja weißt. Dieser Turm bestand damals aus strahlend weißen Muscheln, die auch nach ES weiß blieben, bis auf eine einzige kleine Muschel, sie wurde fahlgrau. Diese graue Stelle entsteht durch die Reflektion des Lichtes an dieser kleinen Muschel. Wir hatten Glück, dass nur diese eine Muschel grau wurde. Wenn alle grau geworden wären, gäbe es uns nicht mehr.« Bo seufzte.

Adulesci wusste, was der Barri gerade dachte: ›... und bald wird es uns nicht mehr geben, wenn Helioskraka völlig zusammengeschrumpft ist.‹ Mond starb! Man merkte es sogar hier, in den tiefsten Tiefen des Wassers.

Nach einiger Zeit kamen sie zum Tiefen Wasser. Adulesci fiel nichts Besonderes auf, als sie stehen blieben und Bo in eine bestimmte Richtung deutete. Es sah aus wie überall.

»Das ist das Tiefe Wasser.«

»Ja und?«, wollte der Albino wissen. »Was ist so Besonderes daran?«

Bo lächelte: »Komm mit.«

Er führte Adulesci an einem großen Korallenstock vorbei, in dem sich über tausend Fische tummelten, zu einem kleinen Geländer. Rund um das Geländer herum standen große Statuen. Ein Geländer war dazu da, etwas einzuzäunen. Doch hier gab es nichts einzuzäunen, dachte der Albino verwundert.

»Wozu ist das Geländer da? Was soll es abgrenzen?«, fragte er Bo.

»Das Tiefe Wasser natürlich.«

»Aber hier ist doch kein Tiefes Wasser. Es sieht so aus wie überall. Ich kann nichts Besonderes erkennen.«

»Es ist so tief, dass man nichts erkennen kann.«

Sie traten an das Geländer. Es war nichts zu sehen. Das war es! Er konnte nichts erkennen! Keinen Grund.

»Es gibt keinen Grund!«, sagte Adulesci triumphierend.

»Es ist ein bodenloses Loch«, bestätigte Bo. »Viele von uns haben schon versucht, bis zum Boden hinunterzuschwimmen. Sie sind nicht mehr zurückgekommen. Wir wissen nicht, wie es dort unten aussieht. Um niemanden in Gefahr zu bringen, haben wir das Geländer aufgestellt. Als eine Begrenzung des Grenzenlosen sozusagen.«

Neugierig blickte der Albino hinunter. Er konnte wirklich nichts erkennen.

»Komm weiter«, drängte Bo. »Was möchtest du noch sehen?«

»Hm, das Runde Zimmer mit dem Band der Tausend Gedichte«, überlegte Adulesci.

Gerade wollten sie weiterschwimmen, da kam ein großer Fisch auf sie zu.

»Tagchen, Bo der Follenfischer«, rief dieser laut.

»Oh hallo, Tro der Immerlächelt. Was machst du hier? Das ist Adulesci der Albino«, stellte Bo vor.

»Erfreut, deine Bekanntschaft zu machen.« Tro lispelte stark, sodass Adulesci Mühe hatte, seine Sprechblasen zu verstehen.

»Ganz meinerseits«, entgegnete der Albino.

Tro wandte sich nach einem abschätzenden Blick wieder an Bo: »Was macht die Familie? Wie geht es euch? Die Preise für Würmer sind jetzt extrem gesunken.«

»Wirklich? Ich war erst gestern im Sternkaufgeschäft und dort ...«

Adulesci betrachtete inzwischen fasziniert das Tiefe Wasser. Wie es dort unten wohl aussehen mochte? Ob dort jemand lebte? Warum waren die Barris, die sich hinuntergewagt hatten, nicht zurückgekommen? Was hatte sie dort unten erwartet?

Auf seine Fragen gab es keine Antworten. Ein leichter Schauer lief ihm über den Rücken. Plötzlich spürte er, wie ihn jemand von hinten berührte. Erschrocken drehte er sich um. Gott sei dank war es nur Bo, der ihn aufforderte mitzukommen. Tro verabschiedete sich noch mit einem Winken, dann eilte er davon.

»Er muss seine Kinder abholen. Sie sind bei einer Geburtstagsfeier«, erklärte Bo.

Nach einer Weile kamen sie wieder durch enge Gänge und endlose Tunnel. Adulesci vermisste die weiten offenen Plätze. Endlich, nach einer Ewigkeit, wie es ihm schien, erreichten sie den Turm. Es war eigentlich kein richtiger Turm, eher ein rundes Haus. Der Albino konnte sogar Fenster erkennen. All die Häuser, die er bis jetzt gesehen hatte, waren eigentlich keine richtigen Häuser. Eher viereckige Kästen. Diese hatten keine Fenster, nur runde Öffnungen. Es waren riesige Kästen, in denen über hundert Barris lebten. Sie waren in kleine Einheiten unterteilt und jede dieser Einheiten hatte eine runde Tür. Es sah lustig aus, weil diese runden Lücken nicht einheitlich, sondern scheinbar völlig zufällig angeordnet waren. Hätte Adulesci einen Schweizer Käse gekannt, so hätte er diese Kästen damit verglichen. Von oben bis unten waren sie mit runden Öffnungen übersäht.

Der Turm, in dem sich der Raum mit dem Band der Tausend Gedichte befand, war dagegen ein richtiges Haus, zwar rund, aber es hatte alles, was ein Haus auszeichnete: Fenster, eine Tür, ein Dach und – ja, sogar Vorhänge.

Bo klopfte an die Tür. Sie warteten lange. Endlich, als Adulesci den Barri gerade fragen wollte, ob sie nicht etwas anderes ansehen sollten, hörte er ein Geräusch. Es war ein Schlurfen. Stiefel, die auf dem Fußboden scharrten. Fußböden, Stiefel? Hier unter Wasser? Der Albino war verwirrt. Eine Stimme fragte: »Ja, wer ist da?«

Bo antwortete: »Hier ist Bo der Follenfischer mit einem Gast, Adulesci dem Albino.«

»Ich habe euch schon erwartet. Kommt herein.« Die Tür öffnete sich.

Und jetzt war Adulesci völlig überzeugt, dass es nicht mit rechten Dingen zuging. Das Wasser, das sie überall umgab, bildete vor der Tür eine unsichtbare Mauer. Innerhalb des Hauses war es völlig trocken, kein einziger Wassertropfen drang hinein.

»Nun komm schon! Wir dürfen den Wächter des Turmes nicht warten lassen«, drängte Bo und zog den bewegungsunfähigen Albino ins Haus. Adulesci traute seinen Augen nicht. Wie konnte das Wasser einfach so stehen bleiben und nicht ins Haus fließen?

Bo entfernte Adulescis Sauerstofftank, nachdem er sich selbst seinen umgehängt hatte. Der Albino betrachtete unterdessen den Raum. Sie befanden sich in einem kleinen Vorzimmer, auch völlig rund. Es hingen hellgraue Tapeten mit Karomuster an den Wänden. Dann gingen sie in den angrenzenden Raum, in dem der Wächter des Turmes schon ungeduldig auf sie wartete.

»Warum ist das Wasser nicht in deinen Turm geflossen?« Adulesci fesselte noch immer dieses Ereignis. Er dachte an den komplizierten Vorgang mit der Schleuse bei seinem Zimmer.

Der Wächter lächelte: »Das ist ein Geheimnis des Turms.«

Jetzt erst sah sich der Albino um. In der Mitte des kreisrunden Raumes befand sich ein erhöhter Platz, natürlich rund. Auf dem Podium wiederum stand ein großer Ständer. Er konnte aber nicht sehen, was sich auf diesem befand, sie waren zu weit entfernt. Allerdings ging von dem Ständer ein milchiges Licht aus, das in den Saal strahlte. Der Wächter bedeutete ihnen, näher zu treten. Sie gingen zum Podium und stiegen einige Stufen hinauf. Es war viel größer, als Adulesci zunächst geglaubt hatte. Auf diesem hatten sicher über hundert Albinos und Barris Platz. Der Wächter des Turms öffnete eine kleine runde Türe, die in den Ständer führte. Sie stiegen eine Treppe empor. Es waren viele Stufen, bei einhundertdreiundzwanzig hörte Adulesci zu zählen auf. Endlich erreichten sie die letzte Stufe. Der Wächter des Turms öffnete wieder eine Türe. Sie traten ins Freie und befanden sich nun auf dem Ständer vor einem Buch. Dieses Buch war die Quelle des milchigen Lichtes. Neugierig trat Adulesci näher. Das war also der Band der Tausend Gedichte. Wirklich beeindruckend. Der Albino las:

»reralk ginew nie tsheis ud timad
aral ud tsednif nehcsnem ned ieb«

Er bat den Wächter, ihm das Gedicht zu übersetzen.

»Das ist leider unmöglich. Keiner kann die Gedichte lesen, wir kennen die Sprache nicht und auch sonst niemand. Wir haben schon viele Wesen Mondes gefragt. Die bedeutendsten Gelehrten waren bei uns und niemand konnte sie verstehen. Die Buchstaben sind uns zwar bekannt, sie ordnen sich aber immer neu, bevor Besuch kommt. Deshalb wusste ich auch, dass ihr kommt. Aber stets sind sie Buchstaben in Gedichtform geschrieben. Es ist, als ob das Buch sie nur für den jeweiligen Leser schreiben würde. Deshalb nennen wir es auch den Band der Tausend Gedichte.«

»Hm. Das ist sehr schade, dass ich die Zeilen nicht lesen kann«, meinte Adulesci. Zu gern hätte er erfahren, was darin stand. Er betrachtete die Zeichen fasziniert und er hatte das Gefühl, dass es sehr wichtig war herauszufinden, was der Band der Tausend Gedichte ihm mitteilen wollte.

»Komm, wir müssen zum König gehen«, meinte Bo. »Es ist schon spät.«

Sie stiegen die Treppe hinunter und verließen, nachdem der Albino seinen Sauerstofftank wieder umgehängt hatte, das Haus. Sie schwammen zum Palast zurück. Die ganze Zeit sprach Adulesci kein Wort. Er war viel zu beeindruckt von der fremden Welt, die er heute kennengelernt hatte. Als sie ankamen, erwartete sie der König bereits ungeduldig.

»Wo habt ihr euch herumgetrieben?«, fragte er ärgerlich. Aber er wartete die Antwort gar nicht erst ab, sondern fuhr fort: »Wir, Seine Majestät, Herrscher über die Barris und die Stadt unter dem Wasser, haben beschlossen, dass du, Adulesci von den Albinos, zur Oberfläche zurückkehren darfst, wenn du versprichst, dass du niemanden erzählst, was du hier gesehen hast.«

Adulesci war erleichtert. Er durfte also zurückkehren. Dieses Versprechen konnte er leichten Herzens machen

– wer würde ihm schon glauben, was er hier erlebt hatte? Aber was war mit Hyd?

»Was ist mit Hyd, dem Hybriden? Darf er auch mit zurück?«, fragte er.

Der Ärger des Königs nahm zu: »Nein, er bleibt hier.«

»Dann bleibe ich auch«, entgegnete der Albino mit Nachdruck.

»Du wagst es, dich unserem Willen zu widersetzen!« Jetzt war er richtig wütend.

Da mischte sich die Königin ein: »Großer König und Herrscher über die Barris und die Stadt unter dem Meer. Hyd ist Adulescis Flugvogel, sein Fortbewegungsmittel gewissermaßen. Wie soll er seine Aufgabe erfüllen, wenn er keinen Hybriden hat? Und wenn er ohne Hyd zurückkehrt, wird man ihn fragen, was passiert ist. Wir können doch nicht verlangen, dass Adulesci lügt.«

Der König nickte nachdenklich: »Gut meinetwegen, dann nimmst du ihn halt mit.«

Er entließ ihn mit einer gnädigen Handbewegung. »Wir ziehen uns jetzt für eine Weile zurück«, verkündete der Herrscher und hielt eine Flosse vor dem Mund, um ein Gähnen zu verbergen.

Adulesci verbeugte sich und verließ erleichtert den Raum.

Bo brachte Adulesci zu Hyd, dem dieser von dem Gespräch mit dem König berichtete, bevor sie zum Zimmer des Albinos zurückkehrten. Adulesci war müde, und nachdem er zu Abend gegessen hatte, legte er sich sofort hin. Doch er konnte nicht einschlafen. Er musste an den Band der Tausend Gedichte denken. In welcher

Sprache war er wohl geschrieben? Es konnte keine völlig unbekannte sein, da war er sicher. Der Band wollte ihm etwas mitteilen, etwas sehr Wichtiges, und er würde es nicht in einer völlig fremden Sprache tun. Nein, es war wahrscheinlich etwas anderes – hm, ein Rätsel vielleicht? Adulesci hatte das Gefühl, dass es ein ganz einfacher Trick war und dass er über sich selbst lachen würde, wenn er ihn herausgefunden hatte.

Er versuchte, sich die ersten Worte in Erinnerung zu rufen. Wie hatten sie gelautet? heralk gerwin – nein, so nicht. rerall ginew nie – genau:

»reralk ginew nie tsheis ud timad
aral ud tsednif nehcsnem ned ieb«

Adulesci schrieb die Worte auf einen Zettel.

Er erinnerte sich daran, dass sie sich als Kinder oft verschlüsselte Botschaften sandten, damit es die anderen nicht lesen konnten. Manchmal doppelten sie die Selbstlaute mit b: Ibich gebehebe heubeutebe babadeben. Das hieß dann: Ich gehe heute baden. Sie hatten versucht, sich gegenseitig mit den besten Ideen zu übertrumpfen. Aber die verblüffend einfachste Idee hatte sein kleinster Bruder Bareb. Adulesci fand eines Tages einen Zettel, auf dem in der noch unsicheren Handschrift seines Bruders stand: ›ad tchin nib hci.‹

Er hatte versucht, die Wörter zu entschlüsseln – vergeblich. Auch keiner seiner Freunde konnte herausfinden, was sein kleiner Bruder geschrieben hatte. Letztendlich fragte er ihn selbst, was die Worte bedeuten sollten. Da lachte Bareb und sagte: »Lies es rückwärts.« Und tatsächlich: ›Ich bin nicht da.‹ Es war wirklich verblüffend einfach.

Und wenn er das Gedicht auch so lesen musste? Konnte es sein, dass man den Band der Tausend Gedichte nur rückwärts lesen musste, um zu verstehen, was es heißen sollte.

Er las:

»damit du siehst ein wenig klarer,
bei den menschen findest du lara.«

Da war sie: seine Botschaft!

Er suchte nach Lara und jetzt hatte er endlich einen Anhaltspunkt, wo sie zu finden war. Sie war bei den Menschen.

Aber wer waren die Menschen und wo lebten sie? Adulesci hatte niemals zuvor von einem Volk mit diesem Namen gehört: Menschen.

Trotzdem, er würde sie finden, selbst wenn er ganz Mond bis zum letzten Winkel durchsuchen müsste. Das nahm er sich fest vor.

Mit diesem Entschluss und der Hoffnung, dass er seinen Auftrag erfüllen konnte, schlief der Albino ein.

9. Zurück zur Oberfläche

Am nächsten Morgen erwachte er schon sehr früh und stand tatendurstig auf. Am liebsten hätte er sofort mit der Suche nach Lara begonnen. Aber er musste sich gedulden. So beschränkte er sich darauf, Pläne zu schmieden, wie er als Nächstes vorgehen wollte. Er konnte doch noch versuchen, zur Seherin zu gelangen und sie um Rat zu fragen, wo die Menschen lebten. Aber er bezweifelte, dass sie mit ihm sprechen würde, wahrscheinlich passierte so etwas Ähnliches wie das letzte Mal. Er beschloss, gleich mit seiner Suche zu beginnen.

Kurze Zeit später kam Bo herein. Er trug ein Tablett mit Brötchen, Butter und einem Glas mit einer seltsamen Flüssigkeit. Diese besaß eine ekelhaft graue Farbe. Bo sah Adulescis zweifelnden Blick und lächelte: »Es schmeckt vorzüglich, auch wenn es nicht sehr appetitlich aussieht. Wir nennen es Gro. Es wird aus den Algen hergestellt.«

Vorsichtig probierte es der Albino. Tatsächlich, es hatte einen wunderbar süßen Geschmack.

Er trank das ganze Glas Gro auf einmal aus. Dann machte er sich mit großem Appetit über das Frühstück her.

Als er alles bis auf den letzten Bissen aufgegessen hatte, verließen sie das Zimmer und traten, nachdem sie die ganze Schleusenprozedur über sich hatten ergehen lassen, ins Freie. Wiederum führte Bo ihn durch die verwirrenden Gänge zu Hyd. Sie bereiteten alles für die Reise zur Oberfläche vor.

Diese Vorbereitungen beanspruchten viel Zeit. Alle verfügbaren Sauerstofftanks wurden aufgefüllt und in eine große Halle gebracht, während Adulesci und Hyd detaillierte Anleitungen für das Auftauchen erhielten. Es war äußerst wichtig, dass sie nur ganz langsam nach oben schwammen, weil sonst die Gefahr bestand, dass ihre Lunge dem Druck des Wassers nicht standhielt und sie sterben würden. Es würde auch äußerst kalt werden, obwohl sie Schutzanzüge trugen, warnte sie der Barri, der ein berühmter Tiefseeforscher war. Ein Krake würde sie begleiten, der die Sauerstofftanks transportierte, versprach er ihnen. Allerdings müssten sie das letzte Stück alleine zurücklegen, da die Barris und der Krake in der oberen Wasserschicht nicht ohne Tanks überleben konnten. Sie dürften aber nicht vergessen, warnte sie der Barri eindringlich, auch hier nur sehr langsam aufzutauchen, auch dann, wenn sie die Wasseroberfläche sahen, dürften sie die Entfernung nicht unterschätzen.

Als endlich alle Vorbereitungen abgeschlossen waren, gingen Adulesci und Hyd noch einmal zum König der Barris, um sich zu verabschieden. Der Albino staunte wieder, als er den Thronsaal betrat, obwohl er ihn schon zweimal gesehen hatte. Hyd war von seiner Pracht ganz überwältigt und vergaß weiterzugehen. Erst als Adulesci ihn unsanft anstieß, erinnerte er sich, wo er war und was sie hier wollten.

»Fantastisch!«, flüsterte er dem Albino zu.

Der König befahl ihnen, näher zu treten. Sie gingen durch die Reihen der Barris zum Thron. Davor angekommen verneigten sie sich. Diesmal gelang dem Albino der Kniefall schon viel besser als beim ersten Mal. Hyd hingegen hatte große Probleme mit seinem unförmigen Körper. Die Königin lächelte milde.

Nach einer knappen Begrüßung forderte sie der König auf, einen Eid abzulegen, dass sie niemanden von ihrem Erlebnis bei den Barris erzählten.

Feierlich fragte er: »Versprecht ihr bei dem Licht Helioskraka und den großen Tiefen des Wassers niemandem davon zu erzählen, dass ihr hier in der Stadt der Barris gewesen seid?«

Adulesci antwortet: »Ich schwöre es bei den dunklen Höhlen der Albinos.«

Hyd hatte große Probleme, eine ordentliche Sprechblase zustande zu bringen, aber letztendlich klappte es doch: »Ich schwöre es bei dem Flimmern der Luftschichten.«

»Dann sollt ihr zur Oberfläche zurückkehren«, schloss der König feierlich und verwahrte ihre beiden Sprechblasen mit den Schwüren in einer großen Kommode, in der sich bereits zahlreiche Sprechblasen befanden.

»Ich wünsche euch viel Glück bei eurer Suche«, verabschiedete sich die Königin.

Nach einer weiteren Verbeugung verließen Hyd und Adulesci gemeinsam mit Bo den Thronsaal. Der Albino warf noch einen letzten Blick auf die prächtig gekleideten Barris und die schimmernden Korallen. Er wusste, er würde diesen herrlichen Anblick nie vergessen.

Sie schwammen wiederum durch scheinbar endlose Korridore, bis sie die Halle, in der die Sauerstofftanks lagerten, erreichten. Der Krake wartete schon auf sie. »Ich heiße Krab der Krake«, stellte er sich vor.

Nachdem sie sich miteinander bekannt gemacht hatten, übten Adulesci und Hyd das schnelle Wechseln der Sauerstofftanks.

Endlich war es so weit. Mit frisch gefüllten Tanks und den Schutzanzügen versehen verabschiedeten sie sich von den Barris und dann begann ihre Reise zur Oberfläche. Krab ergriff mit seinen vielen Armen alle verfügbaren Sauerstofftanks. Bo führte sie zum Ausgang der Stadt. Er wollte sie noch ein Stückchen auf ihrem Weg nach oben begleiten. Sie betraten eine Schleuse. Bo warnte sie: »Das Wasser draußen ist eiskalt!«

Krab wandte ein: »Draußen ist es angenehm kühl. Hier bei euch ist es sehr heiß!«

Adulesci und Hyd zogen ihre Schutzanzüge an. Für den Hybriden hatten die Barris extra einen hergestellt. Sie mussten wohl die ganze Nacht daran gearbeitet haben. Er passte wie angegossen.

Diesmal dauerte es lange, bis der Schleusenvorgang beendet war. Das Wasser, das von draußen hereingepumpt wurde, war wirklich sehr kalt. Während sie warteten, fragte Bo Adulesci und Hyd, wie es oben auf der Oberfläche aussah. Beide beschrieben die verschiedenen Landschaften, die sie bereits kennengelernt hatten und die Sonne mit ihren milchigen fahlen Strahlen, die die Haut so gut wärmten. »Früher hatte sie alles in goldenes Licht getaucht«, erzählte Hyd, »aber das haben nur noch wenige Wesen Mondes gesehen und die sind schon sehr alt.«

Endlich war es so weit. Sie verließen die Stadt der Barris. Bald würden sie wieder in ihrer Welt sein und die Sonne sehen, freuten sich Adulesci und Hyd. Aber noch war es nicht so weit und sie wussten nicht, was ihnen noch bevor stand.

Der Albino ging als Erster durch die Schleuse. Doch kaum hatte er sie verlassen, wich er sofort wieder zurück. Draußen war es eisigkalt. Schon nach wenigen Augenblicken spürte Adulesci seine Füße und Hände nicht mehr. Die grausame Kälte war auf dem Weg in sein Herz. Er fühlte, wie sie ihre Hand nach ihm ausstreckte, aber er brachte nicht den Willen auf, sich zu wehren. Hilflos fühlte er, wie sie sich in seinem Körper ausbreitete und seine Glieder lähmte. Eine Stimme in seinem Inneren sagte: ›Los komm, beweg dich. Das Blut muss in deine Arme und Beine fließen.‹ Eine andere Stimme entgegnete: ›Lass dich fallen und ruhe dich aus. Warum willst du kämpfen?‹

»Ich habe einen Auftrag! Ich werde kämpfen und es schaffen!«, rief er.

Dann befahl er seinen Armen, Schwimmbewegungen zu machen. Vor lauter Anstrengung trat ihm Schweiß auf die Stirn und rann ihm in die Augen. Er wollte ihn wegwischen, doch das war nicht möglich, weil er im Schutzanzug steckte. Aber seine Hand hatte sich bewegt! Er konnte es schaffen. Jetzt versuchte er auch, seine Beine zu bewegen. Es klappte. Er wandte sich um, um nach den anderen zu sehen. Auch Hyd war inzwischen als

Letzter durch die Schleuse geschwommen. Ihm schien die Kälte nicht so viel auszumachen wie dem Albino.

Langsam begannen sie, nach oben zu schwimmen. Jetzt ging es schon viel besser. Adulesci konnte seine Arme und Beine problemlos bewegen. Es war ihm zwar sehr kalt, aber jetzt störte ihn die Kälte nicht mehr. Eigentlich machte es ihm sogar Spaß. Er könnte viel schneller schwimmen. Das Tempo der anderen war ihm viel zu langsam. Warum sollte er es nicht ausprobieren? Es konnte bestimmt nicht schaden. Doch dann dachte er an den Tiefseeforscher, der ihre Abreise vorbereitet hatte. Der Barri hatte warnend einen Finger gehoben und Adulesci hörte noch einmal seine eindringlichen Worte: »Ihr dürft nicht zu schnell nach oben schwimmen!«

Seufzend passte er sein Tempo dem der anderen an. Doch nach einer Weile packte ihn wieder diese große Lust, schneller zu schwimmen, und diesmal gelang es dem Tiefseeforscher nicht, ihn davon abzuhalten. Adulescis Schwimmbewegungen wurden immer schneller, schon bald hatte er Hyd, Bo und Krab ein Stück hinter sich gelassen. Er fühlte sich unbeschreiblich leicht und es machte ihm großen Spaß. Unbewusst begann er zu lachen. Der Albino bemerkte nicht mehr, was um ihn herum geschah.

Er sah nicht den großen Fisch, der auf ihn zu schwamm. Doppelt so groß wie Krab war dieser Tamma. Er öffnete sein großes Maul, in dem mindestens zehn Adulescis nebeneinander bequem Platz gehabt hätten und freute sich schon auf so einen guten Happen zum Mittagessen.

Hyd füllte rasch eine Sprechblase mit einem entsetzten: »Adulesci!«. Bo und Krab wandten sich zu Hyd um und blickten dann in die Richtung, in die er nun wies.

Hyd beobachtete, wie Tammas großes Maul den Albino bereits umschloss. Doch plötzlich schnellte Krab einen seiner vielen Arme in Adulescis Richtung, packte ihn und zog ihn blitzschnell zu sich hinunter. Das war Rettung in letzter Sekunde.

Zornig schlug der Tamma mit den Flossen und sie spürten die Wellen auf sie zukommen, zugleich strömten unzählige Sprechblasen aus dessen Maul. »Wer wagt mir, Tam dem Tamma, das Mittagessen wegzunehmen? Zeige dich, Feigling!«

Von allen Seiten drangen die Sprechblasen auf das kleine Grüppchen ein. Alle zitterten vor Angst, sogar Krab, der große Krake.

Hyd schickte zitternd eine Sprechblase zu dem erregten Fisch: »Oh, großer Tam, wir hätten niemals gewagt, dir dein Mittagessen wegzunehmen, wenn es sich nicht um unseren Freund, Adulesci den Albino, gehandelt hätte, den wir nicht verlieren wollen.«

Der Albino war inzwischen wieder bei vollem Bewusstsein und sehr zornig über sich, weil er durch seine Torheit seine Freunde und sich selbst in große Gefahr gebracht hatte. Am liebsten hätte er sich geohrfeigt.

Tam war über die Kühnheit von Hyd sehr erstaunt. »Nun, wenn er dein Freund ist, dann verspeise ich ihn halt nicht. Er wäre ohnehin nur eine kleine Vorspeise gewesen. Viel ist an ihm ja nicht dran«, meinte der Tamma und musterte Adulesci dabei. »Aber dieser Krake wäre ein Leckerbissen ...«, meinte er dann und leckte sich gierig sein Maul.

»Das geht leider auch nicht«, wandte Hyd ein, »Krab ist auch unser Freund.«

»Nun, wenn das alles deine Freunde sind, dann muss ich mir mein Essen wohl woanders suchen.« Tam verabschiedete sich und meinte dann noch zu Hyd gewandt: »Du siehst meinem Neffen sehr ähnlich. Er ist zwar noch ein Baby, gerade erst gestern geboren, aber er hat genau deine Größe und dein Gesicht. Du hast Glück, sonst hätte ich euch sicher gefressen. Wenn du mal wieder in der Nähe bist, besuche mich. Frag einfach nach Tam dem Tamma, dann wird dich jeder zu mir führen.« Mit diesen Worten schwamm er davon. Er summte dabei ein kleines Liedchen, das nach einem Wiegenlied klang.

Erleichtert atmeten alle auf.

»Wir müssen weiter schwimmen«, warnte Bo, »wir haben schon zu viel Zeit verloren.«

Kurze Zeit später mussten Adulesci und Hyd das erste Mal ihre Atemgeräte wechseln. Es klappte gut. Sie hatten es ja oft genug geübt.

Lange Zeit schwammen sie so dahin. Adulesci kam es vor, als ob sie schon Tage und Wochen unterwegs waren, aber in Wirklichkeit ... Ja, wie lange waren sie eigentlich schon unterwegs? Adulesci rechnete. Sie hatten jetzt insgesamt sechsmal die Atemgeräte gewechselt. Jedes Atemgerät reichte für zwei Stunden, das waren also noch nicht einmal zwölf Stunden.

Alles war unverändert. Es war noch immer so kalt, wie am Anfang ihrer Reise. Gott sei dank gab es bisher keinen neuerlichen Zwischenfall, obwohl die Wasserwesen jetzt stark zunahmen. Aber es waren nur kleine Fische, viel kleiner als er, Adulesci, selbst. Es war ein besonderes Erlebnis, wenn so ein Schwarm kleiner Fische – das waren mehrere tausend – an ihm vorbeischwammen, so nah, dass er sie fast mit seinen Händen berühren konnte. Da gab es immer ein großes Sprechblasengewirr. Die Fische konnten nicht still sein. Sie schickten ihre Sprechblasen mit atemberaubender Geschwindigkeit von einem zum anderen. Nicht alle gelangten zu ihrem eigentlichen Empfänger. Einige kamen auch zu Adulesci und seinen Gefährten. Aber das schien den Fischen nichts auszumachen. Es schien, als redeten alle durcheinander. Er liebte es, den verschiedenen Sprechblasen zuzusehen. Es gab große und ganz kleine, quirlige und zielstrebige, langsame und schnelle.

Obwohl alle durcheinander redeten – oder gerade deshalb? –, ergab sich eine wunderschöne ›Sprechblasenmelodie‹ und jeder Schwarm hatte eine andere. Es gab viele verschiedene Fischarten. Sie waren unterschiedlich schattiert und hatten eigene Muster. Am besten gefielen ihm die Kreuz-Ring-Fische, mit ihren hellgrauen Kreuzen und tiefschwarzen Ringen auf den Schuppen. Bo hatte ihm erklärt, dass diese Muster andere Fische, ihre Feinde, abschrecken sollten. Dann gab es noch die durchsichtigen Elellen, die sich fast gar nicht von ihrer Umgebung unterschieden. Es war sehr schwer, sie zu entdecken. Bo erklärte ihm, dass sich eine Fischart ganz auf den Fang von Elellen spezialisiert hatte. Sie lockten die Weibchen mit den gleichen Duftstoffen an, die auch die männlichen Elellen besaßen, und fraßen sie dann auf.

Es gab noch viele andere interessante Dinge in den Tiefen des Wassers, aber es würde wohl ein ganzes Leben lang dauern, sie alle zu erforschen. ›Wahrscheinlich mehr als ein Leben‹, dachte Adulesci. Für ihn war das Wasser niemals mehr gewesen, als dass er es trank und darin schwamm. Er hatte nicht gedacht, dass es so viele Wasserwesen beherbergte. Wie hatte es hier unten wohl ausgesehen, bevor ES geschah? Der Albino konnte es sich nicht vorstellen, aber er dachte, dass es wunderschön gewesen sein musste. Unvorstellbar schön. Würde es wohl jemals wieder so schön sein?

Von Weitem sah er wieder einen großen Fischschwarm kommen. Adulesci freute sich schon auf eine neue Sprechblasenmelodie. Doch diesmal gab es keine. Es herrschte große Stille, als der Schwarm vorbeischwamm. Nur eine einzige Sprechblase war zu sehen, die aber keiner der anderen Fische auffing. Langsam trieb sie auf Adulesci zu. Er öffnete sie und hörte einen Fisch aus dem Schwarm fragen: »Wann finden wir endlich einen großen Fisch, der uns alle fressen will?«

Der Albino war schockiert. Sogar hier in den Tiefen des Meeres begingen die Tiere Selbstmord. Er musste Lara so schnell wie möglich finden!

Knapp vor der Wasseroberfläche verabschiedeten sich Hyd und Adulesci von Bo und Krab. Es war ein trauriges Lebewohl, denn sie wussten alle, dass sie sich nie mehr wiedersehen würden. Ihre Welten waren zu verschieden.

Bo wünschte Adulesci viel Glück bei seiner schwierigen Aufgabe und dann wechselten sie zum letzten Mal die Atemgeräte. »Langsam schwimmen!«, mahnte Krab noch, dann trennten sie sich. Hyd und Adulesci schwammen zur Wasseroberfläche und Krab und Bo kehrten in die Tiefen des Wassers, in ihre Heimat, zurück.

Bald schon wurde es wärmer und heller und nach kurzer Zeit konnten sie den hellgrauen Himmel durch das Wasser erkennen. Doch sie dachten an die Mahnung des Barris und schwammen ganz langsam nach oben. Es dauerte noch eine ganze Weile, bis sie endlich an der Wasseroberfläche ankamen.

Der Albino warf die Atemmaske weg. Es tat gut, wieder frei atmen zu können. Mit Wohlbehagen spürte er die Gischt im Gesicht. Sie waren noch eine gute Strecke vom Ufer entfernt. Wo würden sie landen?, fragte sich Adulesci.

Sie schwammen zum Ufer und stiegen aus dem Wasser. Dann verschnauften sie erst einmal. Es war alles sehr anstrengend gewesen, und nun genossen sie es, sich von der Sonne trocknen zu lassen, die vom wolkenlosen Himmel schien.

10. In der Wüste

Sie ruhten sich einige Zeit aus, bevor sie sich wieder auf den Weg machten. Beide hatten Hunger, und so beschlossen sie, sich etwas zum Essen zu suchen. Aber so sehr sie auch suchten, sie fanden kein einziges Büschel Gras, mit dem Hyd seinen Hunger hätte stillen können. Überall lag Sand.

Hyd schlug vor, ein bisschen zu fliegen, denn von oben hätten sie bestimmt einen besseren Überblick. Adulesci kletterte also auf Hyds Rücken und setzte sich zurecht. Doch gerade, als Hyd starten wollte, hörten sie ein seltsames Heulen ganz in der Ferne. Es wurde immer lauter und lauter und nach wenigen Minuten brach ein riesiger Sandsturm los, der sie zu verschlingen drohte. Die Sandkörner prasselten auf sie nieder und scheuerten die Haut auf. Sie mussten schnell ein Versteck finden, das sie gegen diesen Sturm schützte. Doch es gab weit und breit nichts, hinter dem sie sich verbergen konnten.

Adulesci schrie: »Wir müssen weg hier! Schnell!« Doch der Wind riss ihm die Worte förmlich von den Lippen und nahm sie mit sich fort, ohne dass Hyd sie hätte verstehen können. Der Albino hatte den Mund voller Sand und das dumpfe Gefühl, dass er soeben eine Dummheit gemacht hatte. Er konnte kaum mehr atmen und versuchte, den Sand auszuspucken, aber dadurch bekam er immer mehr davon in den Mund.

Da hörte der Albino Hyds leise Stimme: »Los, komm runter, in den Windschatten!« Was meinte Hyd damit? Welcher Windschatten? Er sah sich um. Da verstand Adulesci, was Hyd ihm sagen wollte. Der Flugvogel bildete eine Art Mauer, die den Sandsturm abhielt, und hinter dieser Mauer konnte er in Deckung gehen. Schnell ließ er sich hinter Hyd zu Boden gleiten. Hier konnte er den Sand aus seinem Mund ausspucken und das Ende des Sturmes abwarten.

Es dauerte lange, bis es wieder völlig ruhig geworden war. Adulesci wusste nicht, wie lange er gewartet hatte, er war inzwischen eingeschlafen und erst durch die absolute Ruhe, die dem Sturm folgte, aufgewacht.

Mühsam stand er auf und versuchte, den Sand aus seinen Kleidern herauszuschütteln. Aber es gelang ihm nicht, sich von allen Sandkörnern zu befreien.

Adulesci wandte sich zu Hyd um. Der Hybride war mit einer halben Meter hohen Sandschicht bedeckt. Er hatte nur seinen Kopf dadurch in Sicherheit bringen können, dass er ihn auf die Seite gelegt hatte, die auch Adulesci Schutz geboten hatte. Es musste sehr unbequem gewesen sein, dachte sich der Albino, doch Hyd war bereits wieder zu Scherzen aufgelegt. »Du wirst mich wohl ausgraben müssen«, sagte er nämlich. »Viel Spaß dabei. Ich ruhe mich inzwischen aus.«

Der Albino lachte und fing an, ihn mit bloßen Händen vom Sand zu befreien. Nach mehreren Stunden war Hyd wieder frei. Ihm schienen die scharfen Sandkörner nur wenig ausgemacht zu haben, stellte Adulesci erleichtert fest. Seine dicke Haut hatte ihn vor schlimmen Schäden bewahrt.

»Was machen wir jetzt?«, wollte Hyd wissen.

»Kannst du fliegen?«, fragte der Albino unsicher.

»Klar, was meinst denn du! So ein kleiner Sandsturm kann doch einem Hybriden nichts anhaben.«

»Kleiner Sandsturm, du hast leicht reden. Mit deiner dicken Haut«, meinte Adulesci, als er sich auf dem Freund zurechtsetzte.

Hyd lachte und flog los. Der Albino spürte die Luft wie Nadelstiche auf seiner Haut. Immer wenn er sich bewegte, um eine bequemere Sitzposition zu erreichen, wetzten die Sandkörner seine Haut auf, die hartnäckig in seiner Kleidung festsaßen. Das war mit Abstand der mieseste Flug, den er mit Hyd zusammen unternommen hatte. Er hasste den Sand und wünschte sehnlichst das Ende dieses Fluges herbei.

Doch sie flogen viele Stunden und sahen dabei nichts als Sand, weit und breit nur Sand. Je länger sie flogen, desto größer schien die Wüste zu werden.

Nachdem sie ein paar Stunden erfolglos nach einem Ausweg gesucht hatten, landete Hyd erschöpft.

Adulesci stieg ab, froh nicht mehr fliegen zu müssen, und setzte sich neben den Hybriden. Nachdenklich ließ er den hellen Sand durch die Finger gleiten. Dabei fiel ihm auf, dass nicht alle Sandkörner gleich sein konnten. Wenn sie wieder zusammenflossen, bildeten sie mal dunkle Flecken oder auch ringförmige Muster auf dem Boden. Überhaupt war die ganze Wüste sehr seltsam. Sie schien sich förmlich vor ihnen ausgebreitet zu haben, und je verzweifelter sie nach einem Ausweg aus ihr gesucht hatten, desto mehr schien sie sie umschlossen zu haben, mit der grausamen Absicht, sie nie mehr freizugeben.

Es gab keine Oasen, keine Wasserstellen, wie es sie in anderen Wüsten gab. Ja, nicht ein einziges Tier hatte Adulesci gesehen. Sie schien vollkommen ausgestorben zu sein. Nur diese Sandkörner, die in alle Ritzen seiner Kleidung eingedrungen waren, gab es. Kein Baum, kein Strauch, nicht einmal ein Grasbüschel hob sich vom endlosen Sandmeer ab. Ja, das war der richtige Ausdruck, es war ein Sandmeer. Ein Ozean, der aus Sandkörnern bestand.

»Ich glaube, ich werde verrückt«, meinte er zu Hyd gewandt.

»Nun, mir steigt der Sand auch langsam ins Gehirn«, entgegnete der Hybride.

»Warte mal. Je weiter wir geflogen sind, desto größer wurde die Wüste«, überlegte der Albino laut. »Was ist, wenn wir rückwärts gehen? Vielleicht wird sie dann kleiner. Natürlich, das ist es! Komm Hyd, wir probieren es aus!«

»Du spinnst wirklich«, meinte Hyd, »ich bleibe hier.«

Adulesci stand auf: »Komm, wir können es zumindest versuchen. Was haben wir zu verlieren?«

Sie gingen gemeinsam rückwärts.

»Es ist wirklich zu blöd«, protestierte Hyd leise murmelnd.

Aber der Albino hörte ihm gar nicht zu. Er war viel zu besessen von seiner Idee, und nachdem sie einige Zeit rückwärts gegangen waren, glaubte Adulesci, den Wüstenrand zu erkennen.

»Siehst du nicht die grünen Büsche dort am Horizont?« Er war begeistert, dass es funktionierte.

»Nein, ich sehe überhaupt nichts«, maulte Hyd. »Und auch wenn da tatsächlich der Wüstenrand wäre, würde es uns nichts nützen, weil wir rückwärts gehen, und wenn wir vorwärts gehen, dann entfernen sich die Büsche wieder.«

»Da hast du natürlich recht.« Adulesci wurde wieder mutlos.

Sie setzten sich in den Wüstensand. Eine Weile sagte keiner von ihnen etwas. Es herrschte Totenstille. Kein einziges Geräusch war zu hören. Kein Tierlaut. Nichts. Ihr Durst wurde immer größer. Seit sie die Barris verlassen hatten, eigentlich seit dem Frühstück, hatten sie nichts mehr getrunken. Und hier war es sehr heiß.

»Wenn dieser Sand doch nur Wasser wäre«, wünschte sich Adulesci und nahm etwas Sand in seine linke Hand. Plötzlich – das konnte doch nicht wahr sein! – verwandelte er sich vor seinen Augen in Wasser.

»Sieh nur, Hyd! Wasser!«, rief der Albino laut. Langsam sickerte das kühle Nass durch seine Finger und verlief im Sand.

»Wo? Was?«, fragte Hyd, der eingenickt war und nun durch die Worte des Albinos aus dem Schlaf gerissen wurde.

Adulesci nahm wieder eine Handvoll Sand und sah zu, wie es sich in Wasser verwandelte. »Hier in meiner Hand«, sagte er und hielt sie Hyd unter die Nase.

»Papperlapapp! Das ist doch Sand!« Hyd begann, an Adulescis Sinnen zu zweifeln.

»Das ist Wasser. Siehst du es nicht?«, behauptete der Albino und trank es. Er fing sofort zu spucken an und versuchte, den ganzen Sand aus seinem Mund herauszubekommen.

»Es war wohl doch kein Wasser«, meinte Adulesci bitter. »Aber ich habe es doch genau gesehen!«

»Wenn es so heiß ist, dass die Luft flimmert und man schon lange nichts getrunken hat, dann kann es leicht sein, dass man sich Dinge einbildet, die gar nicht existieren.« Hyd versuchte, ihn etwas aufzuheitern.

»Was sollen wir jetzt machen?«, fragte Adulesci.

»Wie wäre es, wenn ihr mich um etwas zu trinken bittet?« Die Stimme kam von einer Stelle hinter ihnen.

Adulesci und Hyd sahen sich ungläubig an. Bildeten sie sich das nun beide ein? Irritiert drehten sich die beiden um. Da stand tatsächlich eine Frau, nicht weit von ihnen entfernt. Sie schien aus dem Nichts gekommen zu sein. Vorher war sie jedenfalls nicht da gewesen.

»Wer bist du?«, fragte der Albino die Frau. »Bist du nur eine Einbildung?«

»Nein«, lachte sie, »aber du kennst mich. Wir sind bei der Großen Ratsversammlung nebeneinander gestanden. Nun kommt aber mit, oder wollt ihr hier verdursten?«

Sie folgten der Frau, die sie tiefer in die Wüste führte. Während sie so dahingingen, erinnerte sich Adulesci an sie. Als er sie damals zum ersten Mal sah, war ihm sofort ihr Schmuckstück aufgefallen, über das sie sich dann auch unterhalten hatten. ›Was tut sie hier in der Wüste?‹, fragte er sich. Die Frau machte einen sehr vornehmen Eindruck. Sie passte viel eher in einen Palast, als hier in diese Einöde. Er hatte genügend Zeit, sie zu betrachten. Schon in der Ratsversammlung waren ihm ihre langen Arme und Beine aufgefallen. Sie war viel größer als er selbst, vielleicht doppelt so groß. Das lange schwarze, schlichte Kleid, das sie trug, unterstrich ihre Körpergröße. Ihre Schritte waren schnell und lang, sodass er Mühe hatte, ihr zu folgen.

Schon nach kurzer Zeit konnten sie ein Schloss erkennen. Es stand mitten in der Wüste – ein riesiger Palast. Es schien aus dem Nichts zu kommen, so als ob es gerade eben jemand hingestellt hatte. Adulesci wunderte sich, warum er es nicht gesehen hatte, als er auf Hyds Rücken über die Wüste geflogen war. Dieses riesige Gebäude hätte ihm auffallen müssen! Oder etwa nicht?

Als sie näher kamen, konnte er erkennen, dass es aus riesigen aufeinandergesetzten Steinquadern bestand. Sie hatten die gleichen Farbschattierungen und Muster wie die Sandkörner am Boden malten, sodass es einem nicht so leicht auffiel. Schon gar nicht, wenn man darüber hinwegflog und man nach Büschen, Bäumen und Wasser Ausschau hielt. Oder war es vorher doch noch nicht da gewesen? War das alles hier ein Traum? Für einen Traum war es aber zu real, entschied Adulesci. Allerdings kam ihm diese Wüste sehr seltsam vor.

Wenn man den Palast einmal gesehen hatte, so zog er den Blick immer wieder auf sich. Er konnte kaum mehr woanders hinsehen. Er musste ihn einfach betrachten. Die Kanten der Steine hatte der Wüstenwind im Laufe der Zeit abgeschliffen, sodass verschiedene Muster entstanden waren. Einige hatten Ähnlichkeit mit der Rinde von alten Bäumen, nur dass die Rillen durch die scharfen Sandkörner entstanden waren, die der Wind mitgebracht hatte. Adulesci kannte sie zur Genüge. Er hatte ihre Schärfe am eigenen Leib erfahren. Andere wiederum hatten Gesichter mit lustigen oder traurigen Augen, schiefe Nasen und lachenden oder erstaunten Mündern. Sie schienen sich miteinander zu unterhalten. So kam es ihm zumindest vor.

Inzwischen waren sie vor einem Tor angelangt, das in den Palast hineinführte. Sie folgten der Frau in das Innere.

11. Der Palast der Königin

Drinnen war es angenehm kühl. Mehr konnte Adulesci vorerst nicht erkennen, da sich seine Augen erst an das diffuse Licht gewöhnen mussten. Das Sonnenlicht draußen war sehr grell. Er blickte sich um. Der gesamte Palast bestand aus einem einzigen großen Raum. Obwohl er kein Fenster entdecken konnte, war es hier sehr hell, viel heller als in den Höhlen der Albinos. Woher dieses Licht wohl kam? Adulesci betrachtete den Raum näher. Das Licht schien von den weißen Wänden zu kommen. Sie strahlten es förmlich aus und es brach sich an den anderen Wänden. Bis zum letzten Winkel verdrängte es die Dunkelheit. Es war zwar nicht richtig hell, aber auch nicht dunkel.

»Früher war es hier strahlend hell. So hell wie es draußen in der Wüste ist«, sagte die Frau, die Adulescis Blick gefolgt war. »Verzeiht, dass ich mich noch nicht vorgestellt habe. Ich heiße Jana.«

»Guten Tag Jana, ich bin Adulesci und das ist mein Freund Hyd.«

Hyd blickte ihn erstaunt an. Es war das erste Mal, dass ihn Adulesci seinen Freund genannt hatte. Stolz richtete er sich zu seiner vollen Größe auf.

Jana lächelte. »Ich habe euch schon erwartet. Kommt und esst etwas.«

Sie führte ihre Gäste zu einer gedeckten Tafel. Kaum hatten sie Platz genommen, nahm Adulesci seinen Becher und trank ihn bis auf den letzten Tropfen leer.

»Wo sind deine Manieren geblieben?«, tadelte Hyd.

Er nahm seinen Becher, erhob ihn und sprach einen Toast auf die Gastgeberin aus. Dann trank auch er ihn in einem Zug aus. Jana dankte mit einem Kopfnicken und bat sie zuzugreifen. Mit Heißhunger aßen die beiden alle angebotenen Speisen auf.

»Oh, dieses delikate Gras. Wann habe ich das letzte Mal so gut gegessen?«, lobte Hyd. »Wo in aller Welt gibt es dieses Gras? Doch nicht etwa in der Wüste?«

»Nein, hier gibt es kein Gras. Aber die Wüste ist nicht groß. Nur einen halben Tagesmarsch lang. Ich habe etwas von den Steppen der Zoronen bringen lassen.«

»Die Steppen der Zoronen? Sie sind bekannt für ihre Kochkünste. Keiner kennt so viele Grasgerichte wie sie. Und niemand bereitet sie so gut zu.«

»Aber nicht doch! Das ist zuviel der Ehre.« Ein kleiner feingliedriger Mann blickte etwas verlegen zu Hyd auf. »Hoffe es hat geschmeckt.«

»Ich habe doch nicht etwa auch Gras gegessen?« Adulesci starrte den Koch schockiert an.

»Aber nein, aber nein. Ich bin nur für Hyd zuständig. Du hast deinen eigenen Koch. Kah, komm doch mal her. Hier will dich jemand kennenlernen.«

»Wirklich? Ich habe aber noch etwas zu tun«, hörten sie eine dünne Stimme. Sie kam von weiter unten.

»Nun komm schon her.« Der kleine Koch wandte sich an Hyd und Adulesci: »Er ist sehr schüchtern und ängstlich.«

Kurze Zeit später sah Adulesci, wie sich ein Stein vom Fußboden löste und ein weiterer noch kleinerer Mann heraufstieg. Verlegen blickte er zu Boden.

»Das ist Kah. Übrigens, ich bin Tah. Wir sind die Köche ihrer Majestät, der Königin der Wüste.«

»Und das einzige Personal, das mir geblieben ist.« Jana lächelte leicht. »Räumt jetzt bitte den Tisch ab.«

»Wird gemacht, wird gemacht.« Kah und Tah stapelten geschickt alle Teller und Tassen und trugen sie in die Küche. Diese befand sich unterhalb des großen Saales, in dem sie gegessen hatten.

Adulesci bewunderte ihr Geschick. Kein einziges Stück fiel herunter, obwohl sie damit die Treppe hinunterstiegen. Tah warf sogar eine Tasse mit seiner rechten Hand in die Luft und fing sie mit dem Geschirrstapel in der linken Hand wieder auf.

Jetzt waren sie mit Jana alleine.

»Was ist passiert?«, fragte der Albino.

»Das ist eine lange Geschichte. Aber ich glaube, der Letzte Weise hat dir schon einiges erzählt. Also, ich will dir erzählen, was aus meinem Königreich geworden ist:

Früher gab es hier keine Wüste. Hier wuchsen Pflanzen und Bäume und – jede Menge Blumen. Es war ein riesiges Blumenmeer. Blüten in allen möglichen Farben gab es hier. Am schönsten war es, wenn der Wind durch die Blumen fuhr. Dann wogte das ganze Meer und spielte mit den Farben. Es war ein wunderschöner Ort. Von überall her kamen die Leute, nur um das Blumenreich, so hieß es damals, zu sehen. Es war ein friedlicher Ort. Schmetterlinge und andere Insekten flogen zwischen den Blüten hin und her. Vögel zwitscherten lustig. Es muss wunderschön gewesen sein …«

Jana senkte traurig ihren Blick.

»Was ist geschehen?«, fragte Adulesci.

»Nun – ES ist passiert. Die Blumen verloren alle Farben. Die damalige Herrscherin des Blumenreiches konnte den Anblick der grauen Blumen nicht ertragen. Sie befahl ihren Untertanen, alle auszureißen und zu verbrennen. Es muss ein großes Feuer gewesen sein. Auch die Sträucher und Bäume ließ sie verbrennen. Eine riesige Wüste breitete sich da aus, wo zuvor die Blumen gewachsen waren. Mit den Blumen gingen auch die Untertanen. Sie hielten es in dieser Einöde nicht länger aus. Und die, die trotz allem hier bleiben wollten, vertrieb die Herrscherin schließlich mit ihrer andauernd schlechten Laune. Alle gingen, bis auf die Köche. Warum ausgerechnet sie blieben, weiß ich bis heute nicht.«

»Kah und Tah?«, fragte Adulesci. »Sie waren die einzigen, die blieben?«

»Nein, nicht die beiden, sie sind Nachkommen von den anderen. Das alles ist schon sehr lange her. Als alle sie verlassen hatten, bereute die Königin der Wüste die schlechte Behandlung ihrer Untertanen. Sie versprach, sich zu bessern, und das hat sie auch getan. Nie wieder ließ sie ihre Laune an anderen aus, sondern behandelte sie respektvoll.«

»Das ist eine traurige Geschichte«, meinte Hyd.

»So wie auch die anderen Geschichten aller Völker Mondes. ES ist unser Fluch, und wir müssen ihn bekämpfen!«

»Du hast recht«, stimmte Adulesci zu. »Ich muss das Volk der Menschen finden. Weißt du, wo sie leben?«

»Die Menschen?« Jana dachte nach. »Nein, ich habe noch nie etwas von ihnen gehört. Vielleicht wissen die Houk etwas. Sie kommen viel herum.«

»Wo kann ich sie finden?«, wollte Adulesci wissen.

»Das ist nicht so einfach. Wie du weißt, leben sie in den Lüften. Es gibt nicht mehr sehr viele von ihnen. Sie brauchen Sonne und Wärme. Langsam sterben sie aus. Nur noch einige Houks leben im Massiv. Dort in den Bergen haben sie einigermaßen klare Luft.«

»Wie kommen wir dorthin? Die Wüste ist endlos«, meinte Hyd zweifelnd.

Jana lachte: »Nein, eigentlich ist sie sehr klein. Es ist alles Einbildung.«

»Was?«, fragte Adulesci. »Aber wir sind stundenlang geflogen und haben kein Ende gesehen.«

»Weil ihr keines sehen wolltet! Ihr hattet Angst, nicht mehr aus dieser Wüste zu kommen, hier zu verdursten und nie mehr Gras und Bäume zu sehen. Und diese Angst war so stark, dass sie von euch Besitz ergriffen hat, und ihr habt Sand gesehen, wo kein Sand war. Eigentlich war er ja da, aber eben nur, weil ihr geglaubt habt, ihn zu sehen.«

»Das ist aber sehr kompliziert.« Hyd schüttelte verwirrt den Kopf.

Adulesci dachte daran, dass er tatsächlich Angst gehabt hatte, dass die Wüste endlos sei und sie nie wieder heil hinaus kommen würden. »Aber ich habe das Ende der Wüste gesehen, als wir rückwärts gegangen sind.«

»Auch das war Einbildung. Der Wüstenrand ist nicht weit. Du hast ihn nur gesehen, weil du ihn sehen wolltest, aber er ist ganz woanders. Kommt mit.«

Jana stand auf und ging, gefolgt von Hyd und Adulesci, durch den großen Raum nach draußen. Die Sonne blendete so stark, dass Adulesci und Hyd die Augen schließen mussten. Jana schien das alles nichts auszumachen.

»Seht ihr die Sträucher dort?«, fragte sie.

Adulesci blinzelte und schirmte die Augen mit der Hand ab. Angestrengt sah er in die Richtung, in die Jana deutete. Und wirklich: Er konnte Sträucher und Bäume erkennen. Es war nicht weit, höchstens einen halben Tagesmarsch entfernt. Auch Hyd kniff die Augen zusammen und suchte den Horizont ab.

»Ich sehe nichts. Nur Sand«, meinte der Hybride schließlich.

»Dort drüben. Siehst du die Sträucher nicht?« Adulesci deutete in Richtung der Sträucher.

»Es hat keinen Sinn, er kann sie nicht sehen, weil er nicht glaubt, dass sie da sind. Kommt mit. Ich begleite euch bis zum Wüstenrand. Weiter kann ich leider nicht mitkommen, weil ich mein Reich nicht verlassen darf. Ich habe es meiner Mutter geschworen, und meine Mutter der ihren. Niemals darf ich die Wüste verlassen, bis ... bis wieder Blumen wachsen.« Jana lächelte zaghaft. »Wahrscheinlich werden nie mehr Blumen blühen. Nur ein einziges Mal habe ich mein Reich verlassen.«

»Die Große Ratsversammlung?«

Jana nickte.

Schweigend gingen sie weiter. Bald schon hatten sie den Wüstenrand erreicht und verabschiedeten sich von Jana. Gerne wäre sie noch ein Stück mitgekommen. Aber sein Versprechen muss man halten, meinte sie und kehrte zu ihrem Palast zurück. Es würde wohl lange dauern, bis wieder ein Gast zu ihr in die Wüste kam.

Adulesci und Hyd gingen durch die Sträucher, die ihnen wunderschön vorkamen, obwohl sie schon viel schönere, saftigere gesehen hatten. Diese waren dornig und ziemlich klein. Die Grashopper, das waren pferdeähnliche Tiere in den großen Ebenen, hätten diese Sträucher mit Verachtung gestraft und sich geweigert, auch nur ein Blatt zu fressen. Sie waren die saftigen weißschimmernden Blätter der Hoppersträucher gewohnt. Oft aßen sie bis zu fünf Sträucher pro Tag. Sie nahmen den weißen Farbstoff der Blätter auf, und so wurden aus den schwarzen Fohlen herrlich milchweiß schimmernde Hopper. Wenn sie temperamentvoll den Kopf in den Nacken warfen und sich das Licht in der Mähne brach, war dies wohl der schönste Anblick Mondes. Früher kamen die Leute aus allen Ländern Mondes, nur um das zu sehen. Denn das Licht leuchtete in allen Farben des Regenbogens und es war ein noch intensiveres Orange, Rot, Blau und Violett, als der Regenbogen sie hatte. Aber seit die Farben verschwunden waren, gab es dieses Schauspiel nicht mehr.

Nach einiger Zeit hatten Hyd und Adulesci die ersten Bäume erreicht. Sie wurden immer dichter und dichter. Bald schon schimmerte das Tageslicht nur noch von fern durch das dichte Laub des Waldes. Wo waren sie?

12. Die Tiefen Wälder

Es dauerte nicht lange, da war auch der letzte Schimmer Tageslicht verschwunden, obwohl es noch heller Tag sein musste. Die Nacht würde erst in ein paar Stunden hereinbrechen. Adulesci war froh, dass er so gute Augen hatte, immerhin waren sie an die dunklen Höhlen der Albinos gewöhnt. Allerdings war es zu Hause im Gegensatz zu hier sehr hell. Wie es wohl Hyd ging?

Adulesci wandte sich um. Hyd hatte seine Augen verbissen auf den Albino gerichtet, um ihn ja nicht zu verlieren. Dabei stolperte er fast ununterbrochen über Wurzeln und andere Hindernisse, die sich ihm in den Weg stellten. Adulesci legte seine Hand auf Hyds Schulter und führte ihn so durch den Wald. Doch schon bald war es auch mit der Sehkraft des Albinos zu Ende. Er konnte nichts mehr erkennen, nicht einmal die eigene Hand vor den Augen.

Adulesci blieb stehen. Da traf ihn ein heftiger Stoß, der ihn nach vorne taumeln ließ. Hyd hatte zu spät bemerkt, dass der Albino angehalten hatte, und war in ihn hineingerannt. Eigentlich nicht gerannt, da sie nur sehr langsam unterwegs waren. Aber durch die große Körpermasse des Hybriden war es Adulesci so vorgekommen, als wären zehn Albinos mit voller Wucht auf ihn geprallt.

»Entschuldige«, meinte Hyd. »Hast du dir wehgetan?«

»Nein, es geht schon«, stöhnte der Albino.

»Psst, sei mal leise, hörst du nichts?«, unterbrach ihn der Hybride.

Adulesci lauschte. Jetzt hörte er es auch. Es war ein leises unterdrücktes Kichern, das von irgendwo hinter ihnen kam. Wer das wohl sein mochte?

»Hallo!«, rief er ein paar Mal hintereinander. »Ich bin Adulesci und das ist mein Freund Hyd. Wer bist du?«

Es kam keine Antwort.

»Nun komm schon heraus. Wir tun dir nichts!«

»Ich darf nicht mit Fremden reden!« Es war eine Kinderstimme.

Vielleicht wusste es, wie sie aus diesem Wald wieder hinauskommen konnten. Jedenfalls kannte sich das Kind hier aus und konnte ihnen bestimmt weiterhelfen. Adulesci hatte trotz seiner guten Orientierungsfähigkeit keine Ahnung, wo sie sich befanden. Auch Hyd wusste es nicht, da war er sich sicher. Der Hybride hatte nur von oben einen guten Überblick. Am Boden war er hilflos. Adulesci fragte sich, warum sie eigentlich nicht einfach geflogen waren, anstatt durch den dunklen Wald zu irren. Er ärgerte sich sehr darüber, wusste aber, dass dies nicht der richtige Zeitpunkt war. Sie waren nun mal hier und alles Ärgern half nicht weiter. ›Du bist ein Dummkopf‹, schalt er sich dennoch. Jetzt musste er aber überlegen, wie sie aus dem Schlamassel herauskamen. Zuerst wollte er versuchen, das Vertrauen des Kindes zu gewinnen. Aber wie sollte er das anstellen? War es noch da?

»Warum hast du gelacht?«, wollte Adulesci wissen.

Einige Zeit war nichts zu hören. Er dachte schon, das Kind sei nicht mehr da, doch dann hörten sie seine Stimme: »Es war einfach so lustig, wie du hingefallen bist. Du hast so komisch gerochen!« Es lachte wieder, als es daran dachte.

»Du hast es gerochen?« Der Albino staunte. »Wer bist du?«

»Ich heiße Vicki und bin ein Vac«, erklärte es stolz.

»Vicki, weißt du, wie man aus diesem Wald hinauskommen kann? Kennst du den Weg?«

»Nein. Ich kann euch zeigen, wo es die besten Mäuse und Insekten zum Essen gibt oder Wasser. Auch wo die Beerensträucher wachsen. Aber wo es hinaus geht, weiß ich nicht. Was gibt es da draußen, außerhalb des Waldes?« Vicki wurde neugierig. »Wie riecht es dort?«

Adulesci war ratlos. Wie es aussah, konnte er ihr beschreiben. Die Sonne und das Glitzern des Wassers. Der Tau an den Gräsern, der im Sonnenlicht funkelte, die Stadt mit ihren vielen Gebäuden, die so reich verziert waren. Die unterschiedlichen Völker Mondes. Er konnte es beschreiben. Aber er wusste nicht, wie es roch. Er versuchte an Gras zu denken. Er sah es vor sich, aber er verband keinen Geruch damit. »Ich kann es dir nicht beschreiben.«

»Warum nicht? Riecht es draußen nach nichts?« Vicki war verwirrt.

»Doch natürlich. Aber ich nehme es nicht wahr. Es ist einfach da, ohne dass es mir besonders auffällt. Nur wenn ein Geruch besonders intensiv ist, wie beim Kochen etwa, dann steigt er mir in die Nase.«

»Aber wie findest du dich dann zurecht? Du musst dich doch immer verirren, wenn du nichts riechst.«

»Nun, dafür habe ich meine Augen. Ich sehe es. So kann ich mich orientieren. Nur hier ist es so dunkel, dass meine Augen mir nicht weiterhelfen. Wir haben uns verirrt.«

»Sehen? Augen?« Vicki war verwirrt. »Was ist das? Was ist sehen?«

»Es ist das Gleiche wie riechen, aber doch etwas völlig anderes. Wir haben beide ein Bild von der Umwelt. Du orientierst dich am Geruch und ich mich mit meinen Augen. Dadurch wissen wir beide, wo es langgeht. Ein Baum ist für mich ein sehr großer Stamm mit Ästen und Blättern. Um den Stamm herum ist eine Rinde, die oft rissig ist. Die Risse stellen manchmal lustige Figuren dar. Die Blätter sind je nach Baumart verschieden. Manche sind groß und rund, andere sind zerfranst ... Woran erkennst du einen Baum, Vicki?«

»Ein Baum? Das ist süßer, harziger Geruch, wenn aus der Rinde Baumflüssigkeit austritt. Daraus kann man ein gutes Getränk machen. Oh, es sind so viele Gerüche. Jeder Baum hat einen eigenen. Das kann man nicht beschreiben.«

»Tatsächlich?« Adulesci staunte. »Eigentlich sieht jeder Baum auch anders aus. Aber dass sie auch alle verschieden riechen, ist schon erstaunlich!«

»Mach einmal die Augen zu, dann kannst du es vielleicht auch riechen!«, schlug Vicki vor.

Adulesci schloss die Augen und sog die Luft langsam ein. Er roch den harzigen Geruch des Waldes. Aber er konnte keine speziellen Baumgerüche wahrnehmen. Nur den frischen harzigen Waldduft. »Meine Nase ist wohl nicht so fein wie deine«, meinte er lachend. »Ich rieche nur den Wald, aber nicht die Bäume.«

Vicki lachte. Sie konnte es nicht glauben, dass Adulesci nicht die vielen Gerüche erkennen konnte, die sie selbst so sehr liebte.

»Kommt mit, ich bringe euch zu meinem Dorf.«

Sie nahm die Hand des Albinos und führte ihn durch die Bäume hindurch. Hyd hielt sich an Adulesci fest und so kamen sie gut voran. Vicki kannte sich sehr gut aus und schon nach kurzer Zeit erreichten sie das Dorf der Vacs.

»Wir sind da.« Vicki ließ Adulescis Hand los.

Hier war es genauso dunkel wie überall sonst. Hyd und Adulesci konnten nichts erkennen.

»Hallo Leute, Papa, Mama, riecht mal, wen ich hier mitgebracht habe! Das sind Adulesci und Hyd!«, rief Vicki laut.

Sie hörten plötzlich viele Stimmen und es schien noch dunkler zu werden. Die Vacs kamen näher. Adulesci und Hyd konnten sie trotz der Dunkelheit erkennen, weil sie noch schwärzer waren als alles um sie herum. Ihre Körper waren tiefschwarz, dunkler als die absolute Dunkelheit. Selbst hier, wo sie nicht einmal die eigene Hand vor Augen sahen, konnten sie die Vacs erkennen. Sie stachen als schwarze Schatten aus der völligen Finsternis hervor. Vicki selbst war nicht so schwarz, und als Adulesci sie danach fragte, erklärte sie, dass die Vacs fast weiß zur Welt kamen und erst im Laufe der Jahre dunkler wurden. Sie selbst würde erst in einigen Jahren völlig schwarz sein. Allerdings war das für die Vacs nicht wichtig, da sie ja ohnehin nichts sehen konnten.

»Woher wisst ihr, dass ihr weiß auf die Welt kommt, wenn ihr gar nicht sehen könnt?«, fragte Hyd neugierig.

»Wir wissen es einfach«, antwortete Vicki.

»Das ist eine längere Geschichte«, mischte sich ein Vac ein.

Vicki wandte sich zu ihm und sagte erfreut: »Papa!«

Der Vac ging zu ihnen: »Vicki, du weißt, dass du nicht mit Fremden reden sollst«, tadelte er seine Tochter.

»Nun, es war gar nicht so leicht, mit ihr ins Gespräch zu kommen«, nahm Adulesci sie in Schutz.

»Was macht ihr in den Tiefen Wäldern?«, fragte ihn der Vac nun misstrauisch.

»Wir wollen zu den Houks, die im Massiv leben. Aber leider haben wir uns verirrt. Könnt ihr uns den Weg dorthin zeigen?«

»Was wollt ihr bei den Houks?«, mischte sich ein anderer Vac neugierig ins Gespräch ein.

»Das ist eine lange Geschichte«, meinte der Albino.

»Dann könnt ihr sie ja beim Essen erzählen. Ruht euch bis dahin noch ein wenig aus. Ihr riecht sehr müde.«

Erst jetzt wurde ihnen bewusst, wie anstrengend der ganze Tag gewesen war. Sie waren weit gelaufen und ziemlich fertig.

Inzwischen war es wohl auch Abend geworden. Hier in den Tiefen Wäldern merkte der Albino keinen Unterschied zwischen Tag und Nacht, vielleicht war es noch ein wenig dunkler geworden. Dankbar setzten sich Hyd und Adulesci hin, wo sie gerade standen und es dauerte nicht lange, bis sie erschöpft einschliefen.

»Wie können sie nur in der Nacht schlafen?«, fragte Vicki ihren Vater.

»Weißt du, sie sind nicht so wie wir. Wir schlafen am Tag und arbeiten in der Nacht, suchen etwas zu essen und jagen. Sie sind am Tag unterwegs und schlafen in der Nacht«, erklärte ihr Vater.

»Aber das ist doch verrückt! Jeder normale Vac schläft am Tag und nicht umgekehrt. Außerdem können sie nur sehr schlecht riechen. Sie riechen fast gar nichts.« Vicki konnte es nicht begreifen.

»Wir sind eben verschieden. Aber deshalb sind sie nicht schlechter oder besser als wir. Sie sind anders, aber genau darin liegt der Reiz. Wenn wir alle gleich wären, wäre das Leben nur halb so interessant. So können wir voneinander lernen. Es ist sehr bereichernd, ihre Sicht von den Dingen zu erfahren und oft auch sehr lustig.«

Vicki dachte nach. Sie erinnerte sich daran, als Adulesci ihr beschrieben hatte, wie er die Bäume sah und sie ihm, wie sie rochen. Es war wirklich sehr interessant und völlig neu für sie gewesen und auch sehr lustig. »Du hast recht, Papa. Sie sind zwar anders, aber sehr nett und – ich mag sie. Sie könnten meine Freunde werden.«

Der Vac lächelte und meinte: »Das ist die richtige Einstellung. So wird man zu Freunden und nicht zu Feinden. Sich gegenseitig zu helfen ist viel besser, als sich Bäume in den Weg zu legen. Aber du hast ihnen bereits geholfen. Du hast sie hergebracht, anstatt sie weiter herumirren zu lassen. Wahrscheinlich hast du sie vor dem Tod gerettet. Nun komm aber, wir müssen etwas zu essen suchen, sonst verhungern sie uns noch.«

Er nahm Vicki bei der Hand, und gemeinsam machten sie sich auf die Suche nach feinen Leckerbissen, die sie den beiden auftischen wollten.

13. Bei den Vacs

Adulesci und Hyd wurden von feinem Essensgeruch geweckt. Es kam ihnen vor, als hätten sie ewig geschlafen. Jetzt aber waren sie munter und verspürten sofort großen Hunger. Es war noch immer völlig dunkel und sie wussten nicht so recht, wo sie hingehen sollten. Sie beschlossen, dem Geruch zu folgen.

Bald schon hörten sie die Vacs. Sie saßen um ein Feuer, auf dem gekocht wurde und sangen und erzählten Geschichten. Tatsächlich waren die Babys weiß, wie sie sich bald überzeugen konnten.

Die beiden gingen auf das Feuer zu. Endlich konnten sie etwas sehen. Zwar nicht viel, da die völlige Dunkelheit das Feuer zu verschlucken schien. Aber zumindest etwas.

»Seid ihr schon munter? Das Essen ist bald fertig!«, rief ihnen eine fröhliche Stimme zu. Es war Vicki. Sie hatte ihr Kommen schon gerochen.

Adulesci grinste. »Hallo Vicki! Was gibt es denn Gutes?«

»Das müsst ihr erraten.«

Hyd und Adulesci setzten sich ebenfalls ans Feuer. »Also, wie war das nun, woher wisst ihr, dass die Babys weiß sind – was ich übrigens bestätigen kann –, und was ist das für eine Geschichte?«

Vickis Vater erzählte: »Vor langer Zeit, bevor ES geschah, waren die Tiefen Wälder nicht tiefschwarz, sondern grün. Es heißt, dass das Sonnenlicht das Grün zum Glitzern brachte. Die Blätter der Bäume schimmerten in vielen verschiedenen Grüntönen, und die Stämme selbst bildeten einen braunschwarzen Kontrast dazu. Am Boden war es immer schattig. Das Sonnenlicht konnte nicht ganz durch die Baumwipfel bis zum Boden vordringen. Es herrschte immer ein Halbdunkel. Deshalb kamen die Babys weiß zur Welt, damit ihre Eltern sie besser sehen und beschützen konnten. Damals konnten wir noch sehen. Wir liebten es, die Tiere zu beobachten. Zu dieser Zeit gab es noch viel mehr Tierarten. Aber als ES geschah und alles dunkel wurde, nutzten uns unsere Augen nichts mehr. Wir erblindeten und entwickelten dafür sehr gute Tast- und Geruchssinne. Viele Tiere kamen nicht so gut zurecht. Sie starben aus oder verließen den Wald. Wir wissen nicht, was aus ihnen geworden ist. Früher muss es wunderschön hier gewesen sein – das Glitzern der Regentropfen im Sonnenlicht, die an den Blättern hängen oder die Eichhörnchen, die auf den Ästen herumturnen mit ihren roten buschigen Schwänzen … Aber das werden wir wohl nicht mehr sehen können. Viele Tiere sterben, weil sie die ewige Dunkelheit nicht mehr ertragen. Kein Sonnenschein dringt mehr zu uns durch. Einige von uns halten es auch nicht mehr aus. Es ist so ein Unlustgefühl. Einfach für nichts mehr Interesse zu haben und nur noch daliegen und schlafen zu wollen. Und es werden immer mehr. Wenn nicht bald etwas passiert – wer weiß, wozu es noch kommen wird.«

Adulesci und Hyd waren sehr betroffen. Sie hatten gedacht, dass von allen Orten Mondes es hier den Lebewesen am wenigsten ausmachen musste, dass es keine Farben und keine richtigen Sonnenstrahlen mehr gab. Aber hier war es wohl am schlimmsten. Obwohl sie blind waren und sie die Farben und die Sonne nur aus Erzählungen kannten, fehlten sie ihnen mehr als allen anderen. Der Albino konnte die Sonne sehen, es waren zwar nur milchige Strahlen, aber sie fehlte ihm schon, obwohl er erst einige Tage in den Tiefen Wäldern war. Wie schlimm musste es da erst für die Vacs sein, die sie noch nie in ihrem Leben zu Gesicht bekommen hatten?

»Warum seid ihr nicht weggegangen?«, wollte Adulesci wissen.

»Einige von uns sind fortgegangen, aber hier ist unser Zuhause. Unsere Babys kamen hier zur Welt und wir wollten unsere Heimat nicht verlassen. Außerdem wäre es für viele zu anstrengend gewesen, wegzugehen. Vor allem die älteren und die Kinder hätten es nicht überlebt. Also sind wir geblieben.«

»Was ist aus den anderen geworden, die weggegangen sind?«, fragte Hyd.

»Nun, nach einiger Zeit kam einer von ihnen zurück. Er erzählte uns, dass ihnen die Vorräte ausgegangen waren, und dass das Essen von draußen sie krank gemacht hatte. Sie hätten sich um die letzten Nahrungsmittel gestritten und viele seien dabei gestorben. Die Schwächeren seien verhungert. Nur er hätte es geschafft zurückzukehren.«

»Das ist eine sehr traurige Geschichte«, sagte Adulesci.

»Es gibt wohl zu viele traurige Geschichten«, meinte der Vac. »Aber jetzt wird es Zeit, etwas zu essen. Dem Geruch nach scheint es auch schon fertig zu sein.«

Sie setzten sich in einem großen Kreis auf den Boden. Jeder schien seinen festen Platz zu haben. Hyd und Adulesci ließen sich neben Vicki nieder. In der Mitte wurden die Speisen platziert. Es gab sehr viele, soweit sie es erkennen konnten. Unzählige Töpfe und Platten standen dort. Und alle sahen verschieden aus und rochen auch unterschiedlich. Jeder bekam von jeder Platte ein kleines Stückchen ab. Aber insgesamt waren es wohl über fünfzig verschiedene Speisen, sodass alle satt wurden und sogar noch etwas übrig blieb. Es gab Buchenblättersuppe mit Edeltrauben und Rindenharz verfeinert, gefüllte Mäuse, die am Spieß gebraten wurden, Vogeleier auf Moosomelette und vieles andere. Es schmeckte köstlich. Bald schon waren die beiden satt, aber sie mussten von allem etwas probieren. Tapfer hielten sie durch. Am besten aber war das Getränk. Es gab Harzhonigmet!

Sie aßen wohl zwei Stunden lang. Danach baten die Vacs sie, ihnen zu erzählen, was sie hierher verschlagen hatte.

Adulesci berichtete von seinem Auftrag und der Reise. Er erzählte vom Letzten Weisen, dem Seenvolk, der Königin der Wüste und von allem, was sie bisher erlebt hatten. Nur die Barris erwähnte er eingedenk des Schwures, den sie geleistet hatten, nicht. Bis in die frühen Morgenstunden saßen die Vacs um das Feuer und lauschten ihm gespannt. Als er geendet hatte, versprachen sie ihm, sie zu den Houks zu führen.

Dann gingen sie schlafen. Auch Adulesci und Hyd waren sehr müde und schliefen bald ein. Sie wussten, dass die nächste Nacht sehr anstrengend werden würde.

Und das war sie auch. Ein Trupp von zehn Vacs begleitete sie. Vickis Vater übernahm die Führung. Vicki selbst musste zu Hause bleiben. Sie war für die Reise noch zu klein. Obwohl sie sehr gebettelt hatte, dass sie mitkommen durfte. Schließlich erlaubte ihre Mutter ihr, sie ein Stück zu begleiten. Als Vicki sie verließ, war Adulesci ein bisschen traurig. Er mochte dieses lustige kleine Wesen. Doch bald schon hatte er keine Zeit mehr, an sie zu denken. Die Vacs erhöhten ihr Tempo, sodass Adulesci und Hyd Schwierigkeiten hatten, ihnen zu folgen.

Sie waren einige Nächte unterwegs, bis sie den Waldrand erreichten. Das letzte Stück legten die beiden allein zurück. Zuvor hatten sie sich von den gastfreundlichen Vacs verabschiedet und ihnen für ihre Hilfe gedankt.

Adulesci und Hyd waren froh, als sie endlich die Tiefen Wälder verließen. Ihre Augen mussten sich erst einige Zeit an die Helligkeit draußen gewöhnen. Obwohl es noch Nacht war, sahen sie fast nichts. Sie beschlossen, sich bis zum Morgen auszuruhen und dann zu entscheiden, wie es weitergehen sollte.

Erschöpft legten sie sich unter einen Busch und schliefen bald ein.

Sie wurden vom Zwitschern der Vögel und von warmen Sonnenstrahlen geweckt. Jetzt wurde ihnen so richtig bewusst, wie sehr sie das milchige Weiß des wolkenlosen Himmels vermisst hatten. Beide fühlten sich sehr glücklich, ausgeruht und tatendurstig. Nach einem einfachen Frühstück – Hyd labte sich am Gras und Adulesci aß etwas von den Speisen, die ihm die Vacs mitgegeben hatten – brachen sie auf. In der Ferne konnten sie bereits das Massiv erkennen. Von hier sah es gar nicht so hoch aus, wie Adulesci sich das vorgestellt hatte. Er schätzte, dass sie es in wenigen Stunden erreichen würden.

Hyd meinte: »Die Entfernung sieht viel kürzer aus, als sie es in Wirklichkeit ist. Wir brauchen einige Tage, bis wir dort sind.«

Adulesci glaubte ihm nicht: »Aber das Massiv ist doch gleich da vorne. Wir sind bald da.«

Er setzte sich auf Hyds Rücken und dann flogen sie los. Sie ließen die Tiefen Wälder schnell hinter sich zurück. Von oben sahen sie aus, wie ein riesiger schwarzer Punkt, den jemand zufällig in die Landschaft gemalt hatte. Die Gegend unter ihnen wurde immer steiniger, die Grasflecken immer seltener. Trotzdem kamen sie den Bergen nicht näher. Adulesci hatte die Entfernung zum Massiv wirklich stark unterschätzt. Hyd hatte also doch recht gehabt. Jetzt war der Albino froh, dass ihnen die Vacs so viel Essen mitgegeben hatten. Sie würden es brauchen. Bald würde es kein Gras mehr für Hyd geben und dann mussten sie sich die Rationen streng einteilen.

Es dämmerte schon und es wurde zu dunkel zum Weiterfliegen. Hyd suchte sich einen Platz zum Landen. In einer kleinen Senke schlugen sie das Lager für die Nacht auf. Hier waren sie etwas geschützt. Nachdem sie ein kleines Feuer angezündet hatten, aßen sie etwas und legten sich dann schlafen. Morgen würde es wieder ein anstrengender Tag werden. Vor allem für Hyd.

Schon sehr früh, noch vor der Dämmerung, packten sie ihre Sachen zusammen und beim ersten Morgenlicht ging es wieder weiter. Die Gegend wurde immer felsiger und einsamer. Konnte Adulesci zunächst noch einige Tiere beobachten, die vor Hyds Schatten davonliefen, so sah er später nur noch einige Schlangen und Hommeln, wenn der Hybride dicht am Boden dahinflog, um einen Landeplatz zu finden. Hommel waren hasenähnliche Tiere, aber viel kleiner. Sie fraßen am liebsten Schlangen und waren immun gegen deren Gift. Ihr Fell war grau, so grau wie die Felsen um sie herum. Deshalb konnte man sie auch nur sehr schwer entdecken. Es hieß, dass sie im gesamten Massiv lebten – sogar oberhalb der Schneegrenze. Dort waren sie weiß, so weiß wie der Schnee. Nur ihre Pfoten waren grau und sie waren kleiner als die grauen Hommel, so klein wie Mäuse. Deshalb nannte man diese Art von Hommel auch Weißmäuse. Der Albino war gespannt, ob das stimmte.

Nur sehr selten verirrte sich ein Wanderer in das Massiv. Was sollte er dort auch machen? Es gab nichts außer Fels und Schnee. Deshalb wusste man nicht, was man von ihren Berichten halten sollte, und glaubte ihnen auch nicht so recht. Es hieß auch, dass dort ein Berggeist wohnte, der darauf achtete, dass niemand etwas von den Bergen mitnahm. Nicht der kleinste Stein durfte entfernt werden.

Aber das war natürlich Blödsinn. Geschichten, die man Kindern erzählte, damit sie sich gruselten, versuchte sich Adulesci zu beruhigen. Je näher sie dem Massiv kamen, desto mulmiger wurde ihm. In manchen Geschichten war auch von einem Schatz die Rede, der vom Berggeist bewacht wurde. Gold und Edelsteine waren angeblich von Räubern hier versteckt worden und sie hatten dem Berggeist befohlen, darauf zu achten. Die Räuber starben aber alle bei einem Angriff auf Reisende, und der Berggeist achtete bis heute auf den Schatz und verjagte jeden, der nach ihm suchte, so wurde erzählt. Es wurde auch berichtet, dass die Edelsteine in allen Farben glänzten und im Sonnenlicht funkelten. Das Gold schimmerte wie das Sonnenlicht selbst. Jetzt, nachdem die Farben verschwunden waren, war der Schatz wertlos. Die Edelsteine unterschieden sich nicht von allen anderen Steinen und es war wohl nicht mehr nötig, ihn zu bewachen. Niemand konnte sich mehr vorstellen, wie Farben aussahen und deshalb war diese Geschichte auch in Vergessenheit geraten.

Nach einigen Tagen hatten sie den Fuß des Bergmassivs erreicht. Riesige Felsen türmten sich vor ihnen auf. Wo mochten die Houks wohl leben? Hoffentlich nicht ganz oben! Adulesci wurde schon beim Gedanken daran schwindlig.

Nun, morgen würden sie weitersehen. Jetzt war es schon zu spät, um noch etwas zu erreichen. Sie suchten sich einen Platz zum Schlafen.

In dieser Nacht träumte Adulesci vom Berggeist, der ihn die steilen Felstürme hinauf verfolgte, weil er einen Stein vom Boden aufgehoben hatte. Er spürte, wie ihn der Geist packte und an der Schulter schüttelte. Der Albino schrie entsetzt: »Lass mich los. Ich habe doch nichts getan. Ich wollte den Stein nicht mitnehmen.«

»Ich wusste nicht, dass du so ängstlich bist.« Gott sei dank war es Hyd und nicht der Berggeist, der ihn geschüttelt hatte. »Es ist Zeit zum Aufstehen.«

Adulesci zitterte noch am ganzen Körper von dem Albtraum. Gut, dass alles nur ein Traum gewesen war.

Bevor sie aufbrachen, frühstückten sie und packten ihre Sachen zusammen. Dort hinauf würde es gehen! Adulesci betrachtete die hohen, steilen Felsen. Er war froh, dass er mit Hyd hinauf fliegen konnte und nicht hinaufklettern musste. Zwar gab es in den Höhlen der Albinos manche steilen Felsen zum Klettern und er war als Kind oft dort mit seinen Freunden gewesen, aber diese waren nichts im Vergleich zum Massiv. Wie klein kamen sie ihm jetzt vor! Er setzte sich auf Hyds Rücken und dann flogen sie los. Der Hybride umkreiste das Massiv und flog immer eine Spur höher. Wie eine Spirale schraubte er sich immer weiter nach oben. Senkrecht hinaufzufliegen wäre unmöglich gewesen.

Es dauerte lange, bis sie die Berge einmal umkreist hatten, und als Hyd am Abend landete, kam es Adulesci vor, als wären sie kein Stückchen weiter hinaufgekommen als am Tag zuvor. Nach einigen Tagen war Hyd völlig erschöpft. Die dünne Höhenluft machte ihm zu schaffen und er war ja auch schon mehrere Wochen vom Morgen bis zum Abend ununterbrochen geflogen. Von den Houks fehlte noch immer jede Spur. Beide waren mutlos und dachten daran, aufzugeben. Aber sie waren schon so weit gekommen! Aufgeben kam nicht in Frage!

»Einen Tag noch, dann gehe ich alleine weiter«, versprach Adulesci dem Hybriden.

»Nein, auf keinen Fall! Ich komme mit!« Hyd war fest dazu entschlossen.

»Aber du bist viel zu erschöpft. Die ganze Zeit bist du geflogen und ich konnte mich auf deinem Rücken ausruhen. Ich gehe allein weiter.« Der Albino blieb hart.

»Morgen reden wir weiter«, brummte Hyd und schlief sofort erschöpft ein.

Am nächsten Tag wurden sie von vielen hellen Stimmen geweckt. Es dauerte eine Weile, bis Adulesci merkte, dass sie tatsächlich da waren und er nicht träumte. Er blickte sich um, sah aber niemanden.

»Wer ist da?«, fragte der Albino.

»Wir sind Houks. Und wer seid ihr und was macht ihr da?«, wollten sie wissen. »Wenn ihr nach dem Schatz sucht, dann wird euch der Berggeist bald verjagen. Ihr solltet besser umkehren.«

»Das ist Hyd, der Hybride, und ich bin Adulesci. Wir suchen nicht nach dem Schatz, wir suchen euch.«

»Uns? Was wollt ihr von uns?« Die Houks sprachen alle zugleich und flogen ständig durcheinander, sodass es unmöglich war, ihre genaue Zahl festzustellen.

Adulesci betrachtete sie. Sie waren milchig weiß und fast durchsichtig. Es war, als ob die Sonne durch sie hindurch scheinen würde. Nur die dunklen Augen stachen aus dem milchigen Weiß hervor. Diese Augen blickten ihn neugierig an.

»Wir sind auf der Suche nach den Menschen. Nur sie können uns helfen, die Farben wiederzufinden. Vielleicht wisst ihr, wo sie wohnen. Ihr kommt doch weit herum.«

Die Houks sahen sich ratlos an.

»Nein, wir wissen nicht, wo sie wohnen. Wir kommen jetzt auch nicht mehr viel herum. Früher hat es sehr viele von uns gegeben. Überall auf dieser Welt. Aber seit die Farben verschwunden sind und selbst das Sonnenlicht fahl geworden ist, sind wir hierher gezogen. Nur hier ist die Luft einigermaßen rein und die Sonne kann ungehindert scheinen. Woanders können wir nicht mehr leben. Da ist das Licht, das wir brauchen, viel zu schwach. Vor allem unsere Kinder können ohne Licht nicht leben. Doch auch hier wird es immer dunkler und milchiger. Wie ein Schleier ziehen sich graue Wolken über ganz Mond zusammen. Bald werden sie auch hierher kommen und dann ist es für uns zu Ende. Ohne Licht und klare Luft können wir nicht leben.«

»Ihr wart unsere letzte Hoffnung«, meinte Adulesci betrübt. »Wir waren schon beim Seenvolk, bei der Königin der Wüste und den Vacs.« Auch gegenüber den Houks erwähnte er die Barris nicht. Er wollte seinen Schwur nicht brechen. »Niemand konnte uns sagen, wo die Menschen zu finden sind. Vielleicht gibt es sie gar nicht?«

»Da musst du wohl die Seherin fragen. Sie weiß alles.«

»Die Seherin? Aber die suche ich doch schon die ganze Zeit.« Adulesci erinnerte sich daran, wie der Letzte Weise ihm befohlen hatte, sich einen Flugvogel zu nehmen, um sie aufzusuchen. »Sie hat aus dem See ein

Meer gemacht, und Hyd und ich sind ins Wasser gestürzt. Warum sollte sie uns jetzt helfen?«

»Sie lässt jemanden nur dann zu sich kommen, wenn er selbst dazu bereit ist. Bist du dazu bereit?« Die Houks sahen ihn fragend an.

Adulesci dachte nach. Damals war er tatsächlich nicht bereit gewesen, mit der Seherin zu sprechen. Alles erschien ihm so verwirrend und er hätte ihr wahrscheinlich nur halb zugehört und auch nicht geglaubt, was sie zu sagen hatte. Jetzt nach ihrer langen Reise, auf der er so viele Völker Mondes kennen und schätzen gelernt hatte, fühlte er sich in der Lage, ihr gegenüber zu treten und alles zu tun und ihr zu geben, was sie von ihm verlangte. Doch würde er auch wirklich alles geben? Auch sein Leben? Da war er sich nicht so sicher. Aber jetzt musste er die Suche zu einem Abschluss bringen. Nie konnte man im Leben völlig sicher sein und hundertprozentig voraussagen, wie man sich entscheiden würde. Jetzt war die Zeit genauso gut wie später – wahrscheinlich noch am besten.

»Ich bin bereit.« Die Stimme des Albinos klang sehr fest.

Hyd hatte ihn die ganze Zeit genau beobachtet. Jetzt war er beruhigt. Sein Freund hatte sich entschieden und er würde die Sache zu Ende bringen.

»Wo ist sie?«, wollte Adulesci wissen.

»Dort oben.« Die Houks deuteten in Richtung der Gipfel.

»Ganz oben? Wie soll ich da hinaufkommen?« Er betrachtete zweifelnd die steilen Felswände.

»Ich werde dich hinauf fliegen«, meinte Hyd.

»Nein, du kannst nicht mitkommen. Das weißt du. Du bist viel zu erschöpft. Es wäre zu gefährlich für dich und damit auch für mich«, lehnte der Albino ab.

Hyd war froh, dass sein Freund seinen Vorschlag ablehnte. Bei dem Gedanken daran, der Seherin gegenüberzutreten, die so mächtig war, ihn in die Tiefen des Meeres fallen zu lassen, war ihm schon sehr mulmig gewesen.

»Ich werde hier auf dich warten«, versprach er.

»Aber hier wächst kein Gras. Ich muss unsere gesamten Vorräte mitnehmen. Es ist besser, du wartest unten im Tal auf mich. Dort verhungerst du wenigstens nicht.«

Hyd nickte. »Viel Glück.« Er umarmte den Albino vorsichtig. Nach unten zu fliegen war wenigstens nicht so anstrengend, wie nach oben zu fliegen. Vor allem auch, weil niemand auf seinem Rücken saß. Adulesci war zwar nicht schwer, aber mit der Zeit wurde er es doch. Hyd genoss diesen Flug. Er schaute noch einmal zu seinem Freund hinauf, der jetzt die steilen Felswände nach oben kletterte. »Hoffentlich rutscht er nicht aus und fällt hinunter!«, war seine größte Sorge.

Der Albino war bereits ein ganzes Stück weit hinauf geklettert. Er blickte noch einmal zu Hyd zurück, der zwischen den Felswänden nur noch schemenhaft zu erkennen war. Einige Houks begleiteten Adulesci und zeigten ihm den leichtesten Weg. Aber bald würde auch ihnen die Luft zu dünn werden, und er würde alleine weitergehen müssen. Was war mit ihm? Würde er die dünne Luft ertragen können? Er spürte bereits, wie mit jedem Schritt das Atmen anstrengender wurde. Doch darüber würde er sich später Sorgen machen – dann, wenn es soweit war. Jetzt war er damit beschäftigt, nicht daneben zu treten und abzustürzen.

Es ging sehr steil hinauf. Die Houks hatten es viel leichter als Adulesci – sie flogen hinauf. Dabei nutzten sie den leichten Aufwind, der an den Felsen herrschte. Die Houks waren so leicht wie Blätter. Mit wellenförmigen Bewegungen schraubten sie sich in die Höhe. Es sah so einfach aus. Adulesci beneidete sie. Als es Abend wurde, verabschiedeten sie sich. Sie flogen wieder ein Stück hinunter, wo sie sich wohler fühlten. Dort war die Luft besser für sie.

Adulesci würde von nun an allein weitergehen müssen. Der Gedanke daran stimmte ihn traurig. Hyd fehlte ihm schon jetzt. Auch hatte er die Gesellschaft der Houks sehr genossen, die ihn aufgeheitert und ihm den Weg gezeigt hatten. Nun, morgen würde wieder ein anstrengender Tag sein. Bis dahin war es nötig, dass er sich ausruhte und schlief und nicht über die Einsamkeit nachdachte.

14. Die Seherin

Am nächsten Morgen wachte Adulesci sehr früh auf. Er hatte schlecht geschlafen, trotzdem fühlte er sich unternehmungslustig. Nach einem kurzen Frühstück – er aß einige getrocknete Beeren, die die Vacs Dares nannten – machte er sich auf den Weg. Da er nicht wusste, wo die Seherin sich zurzeit befand, beschloss er einfach, seinem Gefühl zu folgen. Die Houks hatten ihm auch nicht sagen können, wohin er gehen sollte, sondern sie gaben ihm den etwas seltsamen Rat, einfach loszugehen, er würde sie schon finden, wenn er dazu bereit sei.

Der Albino war davon nicht sehr überzeugt, trotzdem beschloss er, diesem Rat zu folgen. Es gab keine bessere Möglichkeit. Was hätte er auch sonst tun sollen? Umkehren? Dieser Gedanke kam ihm immer wieder in den Sinn. Umkehren! Und je weiter er hinaufkletterte, desto mehr wünschte er sich, mit Hyd hinuntergeflogen zu sein und nicht auf einem schmalen Sims einhundertvierzig Meter über dem sicheren Boden zu stehen. Das mulmige Gefühl in der Magengegend verstärkte sich mit jedem Schritt, den er an die Felswand gepresst zurücklegte. Er hatte Höhenangst! ›Verdammt, was mache ich hier?‹, fragte er sich immer wieder und er verfluchte den Tag, an dem die Albinos ihn ausgewählt hatten, als ihr Vertreter an der Großen Ratsversammlung teilzunehmen. Er fing an, den Letzten Weisen zu hassen, der ihm diesen unmöglichen Auftrag erteilt hatte. Die Angst breitete sich in seinem Körper aus und lähmte seine Glieder. Er konnte nur noch an den tiefen Abgrund denken, in den er bei einem falschen Tritt stürzen würde. Oh diese schreckliche Angst! Adulesci wusste, dass er sie besiegen musste, wenn er hier wieder heil herauskommen wollte. Dieser Auftrag war wichtig, er durfte ihn nicht vermasseln. Er musste Lara finden, um Mond zu retten. Der Letzte Weise glaubte an ihn. Auch Hyd, die Barris und die Vacs, die Houks und alle anderen, denen er begegnet war. Er war ihre letzte Hoffnung und er durfte sie nicht enttäuschen.

Adulesci spürte, wie die Angst nachließ. »Tief durchatmen«, ermahnte er sich. Er lockerte seine verkrampften Hände und suchte den nächsten sicheren Halt für seine Füße. Langsam kletterte er Stück für Stück die Felswand hinauf. Er würde es schaffen! Da war er sich sicher. Er dachte immer an den nächsten Schritt, an den nächsten sicheren Halt und vermied es, nach unten zu sehen. Die Angst war bezwungen.

Nach ein paar Stunden hatte er ein kleines Felsplateau erreicht. Hier wollte er sich etwas ausruhen. Um ihn herum war es weiß – Schnee. Noch nie hatte der Albino Schnee gesehen. Bei ihm zu Hause in den Höhlen gab es keinen Schnee, und auch nicht außerhalb von ihnen. Es war zu warm. Hier aber war es kalt, doch das merkte Adulesci nicht. Sein Atem bildete weiße Wölkchen, was ihn faszinierte und er sehr lustig fand. Er versuchte, verschiedene Gebilde zustande zu bringen, aber es gelang ihm nicht so richtig. Er blickte sich um. Das Plateau bildete ein Quadrat von etwa fünf Metern. Es war glatt und absolut leer. Nicht ein einziger Strauch wuchs hier oben, auch kein Gras, was Adulesci bei dieser Kälte nicht wunderte. Es gab auch keine Hommel oder andere Tiere. Weiter unten hatte er welche gesehen. Dort gab es sie massenhaft, aber jetzt hatte er schon lange keine mehr bemerkt.

Langsam ging er zum Plateaurand und sah in die Tiefe. Dort also war er hinaufgeklettert. Er war beeindruckt. Er hätte nicht gedacht, dass er einmal an einer fast senkrechten Felswand Kletterübungen machen und diese Herausforderung meistern würde. Ebenso wenig hätte er gedacht, dass er einmal am Grund der Tausend Seen spazieren gehen, besser gesagt spazieren schwimmen oder blind durch die Tiefen Wälder laufen würde. Es war verrückt. Aber es war auch ein großes Abenteuer und wenn er ehrlich zu sich war, dann liebte er es. Vielmehr brauchte er es. Er war süchtig danach – süchtig, etwas Neues zu erleben, Gefahren zu meistern und die Völker Mondes kennenzulernen. Sein früheres Leben kam ihm langweilig und bedeutungslos vor. Nur die Höhlen seiner Heimat zu kennen, genügte ihm jetzt nicht mehr.

Nun, jetzt musste er aber weiterklettern, damit er vor dem Abend noch ein weiteres Stück zurücklegen konnte. Er drehte sich um und wollte zur anderen Seite gehen, doch da sah er plötzlich ein kleines Haus, vielmehr eine kleine Hütte, mitten auf dem Plateau stehen. Adulesci war sich sicher, dass es vorher nicht da gewesen war. Er kniff die Augen zusammen, denn er glaubte zu träumen. Doch als er sie wieder öffnete, stand sie immer noch da.

Es war eine lustige Hütte. Die Wände waren unterschiedlich hoch, sodass sie ganz schief aussah. Aber nicht nur die Hütte, sondern auch die Fenster und die Türe. Alles schien nicht so recht zusammenzupassen.

Die Läden klapperten und die Tür schwang auf und zu. Adulesci kam es vor, als ob das kleine Häuschen ein Eigenleben hätte. Es schien ihm zuzuzwinkern und zu sagen: »Na was ist, komm schon herein! Auf was wartest du?«

Der Albino überlegte nicht lange. Er war viel zu neugierig darauf, wie es drinnen aussah. Also ging er hinüber. Vergeblich suchte er nach einer Klingel. Wer hier wohl wohnen mochte? Er klopfte an die Tür und wartete, aber niemand bat ihn, einzutreten. Auch beim zweiten Versuch meldete sich keiner. Als er noch überlegte, ob er einfach so hineingehen sollte, hörte er eine Stimme: »Nun mach schon, geh endlich hinein, oder soll ich ewig offen stehen?«

Adulesci blickte sich verwirrt um. Doch er konnte niemanden sehen.

»Geh schon hinein. Sie erwartet dich bereits.«

Es war der Türknauf, der gesprochen hatte. Er hatte ein lustiges Gesicht, das jetzt aber etwas missmutig dreinschaute. Doch als er Adulescis verdutztes Gesicht sah, lachte er und meinte, es wäre doch nichts Besonderes und er solle nicht so tun, als ob er einen Geist gesehen hätte. Schließlich sei er ja nur ein Türknauf.

Der Albino folgte der Einladung und ging hinein. Hinter ihm fiel die Tür ins Schloss. Drinnen war es taghell. Er befand sich in einem großen Raum, viel größer als die kleine Hütte von außen vermuten ließ. Das Zimmer war so riesig, dass es eigentlich in der Hütte keinen Platz hätte haben dürfen.

Auf dem Boden lagen überall Kissen und Polster. Adulesci konnte keinen Schritt machen, ohne dass er darauf trat. Überall standen Sofas herum und kleine Tische. Eigentlich standen sie nicht wirklich, sondern schwebten vielmehr wenige Zentimeter über den Kissen. Die Wände selbst waren mit Stoffen behängt, die verschiedene Bilder darstellten. Er erkannte einige Landschaften wieder, durch die er gekommen war.

»Hallo, da bist du ja!«

Erst jetzt sah er die Frau, die gesprochen hatte. Sie saß in der Mitte des Raumes auf einem Sofa. Es war das größte hier. Vor ihr stand ein Tisch, der bereits gedeckt war.

»Komm her, Adulesci. Du hast sicher Hunger und Durst. Ich habe dich erwartet.«

»Wer bist du?«, fragte er verwirrt.

»Wer ich bin?« Die Frau lächelte. »Du fragst mich, wer ich bin, und doch hast du so lange nach mir gesucht!«

»Bist du die Seherin?« Er ging hinüber zu der Frau. Jetzt konnte er sie in Ruhe betrachten. Sie trug einen langen Umhang, der ihre Gestalt verhüllte. Man konnte nicht erkennen, ob sie dünn oder dick, groß oder klein war. Nur ihr Gesicht war unverhüllt. Es war ein schönes Gesicht. Schmale Wangenknochen betonten die hohe Stirn. Ihre Augen waren tiefgrau wie das Meer und ihre Lippen etwas zu schmal, aber schön geschwungen. Doch das Faszinierendste war der Ausdruck in ihren Augen. In ihnen lag tiefes Verständnis für die Welt, so wie Arran vom Seenvolk es ihm beschrieben hatte. Obwohl sie schon sehr alt war, wie Arran ihm gesagt hatte, wirkte sie noch jung.

»Komm, setz dich und iss etwas. Du musst Hunger haben.«

Adulesci bedankte sich und setzte sich. Er probierte von den Speisen auf dem Tisch. Sie schmeckten ausgezeichnet.

Die Seherin war ganz anders, als er sie sich vorgestellt hatte. Sie war keine böse Hexe. Streng, ja das war sie, aber nicht böse. Der Albino konnte sich nicht vorstellen, dass sie die gleiche Person war, von der ihm Arran berichtete, dass sie das Wasser der Seen vergiftet und die Häuser des Seenvolks vernichtete hatte.

»Warum siehst du mich so seltsam an? Hast du jemand anderen erwartet?«, fragte sie ihn.

»Eigentlich schon«, meinte Adulesci verlegen.

»Eine böse alte Hexe?« Sie lächelte amüsiert.

»Ja, so in etwa. Arran hat mir erzählt, dass du das Wasser der Seen vergiftet hast.«

»Tatsächlich. Nun, damals war ich auch richtig sauer auf sie. Sie haben mich als Baby ausgesetzt.«

»Trotzdem, war deine Reaktion nicht ein bisschen übertrieben?«

»Nun, im Nachhinein gesehen schon etwas. Und ich habe es ja dann auch bereut. Schließlich lebten meine Eltern dort. Dann habe ich ihnen Neuamod geschickt. Er gibt ihnen zu trinken. Damals war ich noch sehr jung und konnte meine Macht nicht richtig abschätzen. Ich habe unüberlegt gehandelt, und nun kann ich es nicht mehr rückgängig machen. Aber ich passe auf, dass ihnen nichts passiert. Es ist schließlich mein Volk.«

»Du kannst das Wasser der Seen nicht mehr rein machen, dass sie es wieder trinken können?« Adulesci war verblüfft. »Aber du hast es doch vergiften können!«

»Oft ist es leichter, etwas zu zerstören, als es wiederherzustellen.« Sie sah traurig aus. »Doch nun zu dir, Adulesci. Du wolltest mich etwas fragen.«

Er hatte inzwischen sein Mahl beendet und erinnerte sich wieder, warum er hier war. Lara.

»Weißt du, wo die Menschen wohnen? Wo Lara lebt?«, fragte er deshalb, ohne lange um den heißen Brei herumzureden.

»Ich war noch nie bei ihnen, aber ich weiß, wie du dorthin kommen kannst. Es wird allerdings schwierig werden und es ist ungewiss, ob du wieder zurückkommen kannst. Ob Lara bei den Menschen lebt, weiß ich nicht. Ich kann dir nur helfen, zu den Menschen zu kommen. Lara musst du dann alleine finden.«

»Aber Lara wohnt doch bei den Menschen, nicht wahr? In dem Buch der Barris stand es. Bei den Menschen finde ich Lara.« Adulesci sah sie verwirrt an.

»Selbst ich weiß nicht alles. Willst du das Risiko eingehen und diese gefährliche Reise unternehmen?« Ihr Blick drang tief in sein Herz.

»Ja, ich muss Lara finden«, sagte er mit fester Stimme. »Und ich werde wiederkommen und die Farben mitbringen.«

»Gut, dann komm mit mir. Ich zeige dir den Weg.«

Adulesci folgte ihr in einen Nebenraum. Dort standen viele Flaschen und Gläser mit Flüssigkeiten in Regalen. Es gab auch viele Bücher. Den Mittelpunkt bildete ein großer Tisch, auf dem ein aufgeschlagenes Buch lag. Ein großer Topf stand daneben. Die Seherin blieb neben ihm stehen und fing an, verschiedene Flüssigkeiten hineinzuschütten. Danach entzündete sie ein Feuer, indem sie mit ihren Fingern schnippte, und stellte den Topf darauf. Der Albino beobachtete fasziniert, wie der Topf wenige Zentimeter über dem Feuer schwebte. Als es zu brodeln begann, fragte er sich, wofür das wohl gut war. Das sollte er bald herausfinden. Nachdem es eine Weile gekocht hatte, schnippte sie wieder mit den Fingern und das Feuer erlosch. Sie nahm den Topf und schüttete den Inhalt in ein Glas, das sie ihm reichte und sagte: »Trink das und denke dabei fest an das Land der Menschen. Du wirst einschlafen und dort aufwachen, wohin du dich gewünscht hast.«

»Und wie komme ich wieder zurück?«, fragte Adulesci zweifelnd.

»Das weiß ich nicht. Bis jetzt ist noch nie jemand zurückgekommen, der davon getrunken hat.«

»Haben es schon viele versucht?« Er war sich nicht mehr sicher, ob er wirklich davon trinken wollte. »Gibt es keinen anderen Weg?«

»Nein, es gibt keinen anderen. Willst du es tun?«

Adulesci nahm das Glas und trank es in einem Zug leer. Müdigkeit stieg in ihm auf. Er fühlte, wie seine Glieder schwerer und schwerer wurden, seine Augen fielen ihm zu.

15. Bei den Menschen

Als Adulesci langsam wieder zu sich kam und die Augen öffnete, wusste er nicht, wo er sich befand. Erst nach und nach erinnerte er sich wieder an die Unterhaltung mit der Seherin und daran, dass er das Glas ausgetrunken hatte.

In seinem Mund fühlte er noch immer den leicht bitteren Geschmack der Flüssigkeit. Hatte sie die Wahrheit gesagt? War er jetzt bei den Menschen?

Der Albino blickte sich um. Das Erste, was ihm auffiel, war der Lärm. Von überall drangen seltsame Geräusche an sein Ohr. Hier war es ganz anders als zu Hause auf Mond. Völlig anders. Er wusste nur nicht so recht, was eigentlich so anders war. Es gab hier Straßen und viele Häuser. Genau wie in den Städten Mondes. Und doch war es nicht so wie dort. Irgendetwas war hier ganz seltsam und fremd. Er wusste sofort, dass er nicht mehr auf Mond war, denn hier gab es etwas, das sich völlig von seiner Heimat unterschied. Erst jetzt, als er darüber nachdachte, fiel es ihm auf:

Hier gab es Farben!

Der Himmel war blau, die Sonne schien strahlend gelb. Hin und wieder zogen weiße Wolken vorbei. Grünes Gras wuchs am Straßenrand und drang auch hie und da durch den Asphalt. Bäume streckten ihr dunkelgrünes

Blätterdach stolz in die Höhe, so als wollten sie, dass alle ihre prachtvolle Gestalt bewunderten.

Adulesci sog die Farben förmlich in sich auf. Sie waren ja völlig neu für ihn. Er spürte, wie sie in ihn eindrangen, durch die Augen bis in alle seine Körperzellen, und er fühlte ein ungeheuer großes Glück in sich aufsteigen. Das Glücksgefühl breitete sich in ihm aus, bis es ihn schließlich ganz ausfüllte. Das war wunderbar, unbeschreiblich schön. Alle Gebiete Mondes schienen ihm jetzt fahl und leer, die Unterwasserstädte der Barris, die Tausend Seen, selbst der Palast in Lunaria, ganz Mond war farblos und unscheinbar.

Er sah sich weiter um. Unter ihm floss ein Fluss träge dahin. Er glitzerte im Sonnenlicht. Wie ein silbernes Band schlängelte er sich durch das Land. Ja, der Albino stand auf einer Brücke über einem Fluss, der Salzach hieß, wie er später erfuhr. Um ihn herum herrschte ein reges Kommen und Gehen. Die Leute trugen bunte Kleidungsstücke. Adulesci schwirrte von den vielen verschiedenen Farben der Kopf.

Er spürte, wie ihn die Leute anrempelten, weil er ihnen offenbar im Weg stand. Adulesci wurde von den Menschenmassen auf die andere Seite des Flusses geschoben. Hier sah es für ihn genauso aus wie am anderen Ufer. Es gab viele Häuser und Straßen, und auf den Straßen fuhren seltsame Dinger herum. Sie ernährten sich offenbar von den Menschen, denn in jedem dieser Dinger war zumindest einer gefangen. Er stand völlig verwirrt am Straßenrand und wusste nicht so recht, was er tun und wohin er gehen sollte. Er entschloss sich, die Uferstraße zu überqueren und sich dort weiter umzusehen und hoffte, dass diese seltsamen Dinger ihn nicht auch auffressen würden.

Er machte einen Schritt auf die Straße, da fingen diese seltsamen Dinger zu hupen an und eines kam direkt auf den Albino zu. Adulesci starrte es an. Angst stieg in ihm auf. Jetzt würde es ihn bestimmt auch gleich auffressen! Seine Suche war völlig umsonst gewesen, die ganzen Gefahren, die er gemeistert hatte. Er hatte sogar das Volk der Menschen gefunden, wo Lara lebte, die Mond retten konnte.

Das seltsame Ding wurde abrupt langsamer und fing grässlich zu quietschen an. Eine Handbreit vor ihm kam es zum Stehen. Jetzt würde es ihn auffressen, dachte Adulesci. Er sah, wie sich eine Türe öffnete – ja, dieses seltsame Ding hatte eine Türe und nicht nur eine, wie Adulesci bemerkte – und ein Mensch ausstieg. Offensichtlich waren die Menschen in dem Ding gar nicht gefangen und sie wurden wohl auch nicht aufgefressen, stellte er erleichtert fest.

Er blickte in das wütende Gesicht des Mannes, der ihn nun anschrie. »Du kannst nicht einfach so über die Straße gehen, du musst die Unterführung benutzen!« Er zeigte auf eine Treppe, die nach unten führte.

Adulesci entschuldigte sich völlig verwirrt. Der Mann stieg wieder ein und das seltsame Ding fuhr weiter. Offenbar handelte es sich bei diesen seltsamen Dingern um Fortbewegungsmittel. Der Albino sah aber keine Tiere, die sie zogen. Wie funktionierten diese Dinger? Für Adulesci war es Zauberei. Erst viel später erfuhr er, dass dies Automobile waren, die sich mit Hilfe eines Motors fortbewegten.

Adulesci ging nun in die Richtung, in die der Autofahrer gezeigt hatte. Er beobachtete, wie die Menschen die Treppe hinuntergingen und nach einiger Zeit auf der anderen Straßenseite wieder auftauchten. Er beschloss, ihnen zu folgen.

Die Treppe mündete in einem kleinen Tunnel, durch den er hindurchging. Nachdem er wieder eine Treppe hinaufgestiegen war, hatte er es geschafft. Er war auf der anderen Straßenseite. Adulesci folgte einigen Leuten und gelangte bald in die Innenstadt. Hier fuhren keine Autos, aber dafür füllten viele Menschen die Straßen. Er beobachtete, wie sie in Häuser hineingingen und einige Zeit später mit Taschen wieder herauskamen. Sie nannten die Häuser ›Geschäfte‹ und was sie dort machten, bezeichneten sie als ›einkaufen‹.

Wer von den vielen Leuten mochte wohl Lara sein? Am besten war es, jemanden nach ihr zu fragen. Adulesci sprach einen älteren Herrn an und fragte nach Lara.

»Lara? Wie heißt sie weiter?«

»Lara. Nur Lara.«

»Aber sie muss doch einen Nachnamen haben! Dann kannst du im Telefonbuch nachsehen. Lara ist ein recht häufiger Name. So kann ich dir leider nicht weiterhelfen.«

Der Mann ging weiter.

Ein Nachname? Davon stand im Buch der Barris nichts. Nur Lara. Wie sollte er sie ohne Nachnamen finden? Und wenn es mehrere Laras gab, woher wusste er, welche die richtige war? Und was war ein Telefonbuch?

Jedenfalls nutzte es nichts, nach ihr zu fragen. Er musste sich auf sein Glück verlassen. Wichtiger war jetzt einmal festzustellen, wo er sich befand. Bald schon fand er heraus, dass diese Stadt Salzburg hieß und in einem Land namens Österreich lag, an der Grenze zu Deutschland, genauer zum Freistaat Bayern. Doch nicht nur Österreicher lebten hier. Adulesci fand es seltsam, dass die Menschen ihre Welt in Länder einteilten. Auf Mond gab es zwar auch viele verschiedene Völker, wie die Barris oder Vacs, aber Länder gab es nicht. Die Vacs lebten zwar in den Tiefen Wäldern und er selbst in den Höhlen der Albinos, aber sie waren nicht durch eine Grenze getrennt. Aber hier bei den Menschen benötigte man kleine Papierhefte beziehungsweise kleine Karten, um in ein anderes Land zu fahren. Das Seltsamste aber war für ihn, dass er zwischen den Menschen, die in den verschiedenen Ländern wohnten, keine wesentlichen Unterschiede feststellen konnte. Und anstatt etwas dagegen zu unternehmen und diese lästigen Grenzen abzuschaffen, die sie von ihren Nachbarn trennten, waren sie auch noch stolz darauf, gerade in diesem und nicht in dem anderen Land zu wohnen. Das war wirklich schwer zu verstehen, und Adulesci hatte es auch nie ganz verstanden, obwohl sie es ihm des Öfteren zu erklären versucht hatten.

Aus einigen Gebäuden duftete es herrlich. Der Albino bemerkte, dass er großen Hunger hatte. Ob er wohl etwas von diesem köstlich riechenden Essen bekommen könnte? Er fragte eine Frau, die gerade vorbeiging, wie er etwas zu essen bekommen könne. Sie blickte ihn mitleidig an und gab ihm ein Papier. Verständnislos blickte er ihr nach. Sollte er dieses Papier essen? Er probierte ein kleines Eckchen davon, aber es schmeckte scheußlich. Schnell spuckte er es wieder aus. Dieses Papier nannten die Menschen ›Geld‹. Aber das und was man damit machen konnte, erfuhr er erst später. Auch das war eine Sache, die er nicht verstand. Für dieses Stück Papier konnte man alles haben. Ein Stück Papier gegen ein Sandwich. Wenn er das seinen Freunden erzählte, würden sie es wohl kaum glauben. Die Menschen waren wirklich verrückt!

Er hatte noch immer Hunger. Also beschloss er, einfach in eines der Häuser, aus denen es herrlich duftete, hineinzugehen. Hinter einer langen Theke, lagen viele verschiedene Gebäckstücke. Eine freundliche Frau fragte ihn, was er wolle. Adulesci deutete auf eines davon. Die Frau nahm es heraus und steckte es in eine kleine Papiertüte. Dann sagte sie: »Das macht sechzig Cent.«

Adulesci war verwirrt. Was sollte das bedeuten? Er sah wie eine andere Kundin einer Verkäuferin so ein Stück Papier reichte, wie es ihm die Frau auf der Straße gegeben hatte. Er selbst hatte noch den größten Teil davon in der Hand, bis auf das Eckchen, das er abgebissen hatte. Zögernd reichte er es der Frau. Sie nahm es und gab ihm dafür ein paar Münzen. Adulesci verließ das kleine Haus. Draußen packte er das Essen aus, das die Frau ›Kornspitz‹ genannt hatte. Es schmeckte sehr gut.

Nachdem er fertig gegessen hatte, überlegte er, was er mit der Tüte tun sollte. Er beobachtete einige Leute, wie sie Sachen, die sie nicht mehr brauchten, in kleine Eimer warfen. Adulesci folgte ihrem Beispiel.

Dann schlenderte er langsam die Straße hinunter. Es gab so vieles zu sehen, dass er gar nicht wusste, wohin er zuerst schauen sollte. Eine Frau verkaufte kleine Holztiere, die an Fäden hingen. Sie taten Adulesci leid, weil sie nicht fort konnten. Er versuchte, mit ihnen zu reden und sie zu fragen, wer sie waren. Doch sie antworteten ihm nicht. Dafür lachte ihn ein kleines Kind aus. »Das sind Marionetten. Sie sind nicht echt!«

Adulesci blickte es verlegen an: »Bist du Lara?«

»Lara? Nein, ich heiße Sabine. Das ist meine Mama.« Das Kind deutete auf eine Frau in seiner Nähe.

Diese nahm es nun bei der Hand und meinte: »Du sollst doch nicht mit Fremden sprechen!« Dann gingen sie weiter.

Der Albino blickte ihnen nachdenklich hinterher. Warum durfte das Kind nicht mit ihm sprechen? Wovor hatte die Mutter Angst? Vor ihm etwa? Er betrachtete in der Auslage eines Geschäftes sein Spiegelbild und fand, dass er so wie immer aussah. Der schwarze lange Mantel verdeckte seine dürre Gestalt. Nur manchmal kamen seine langen schmalen Finger hervor, vor allem dann, wenn er, so wie jetzt, nervös war. Seine weißen Haare, die wie Spinnweben aussahen, rahmten das schmale bleiche Gesicht. Nein, er sah keineswegs furchterregend aus. Er hatte nur etwas längere Arme als die Menschen und war extrem bleich. Aber noch etwas war anders. Das war aber nur so ein Gefühl. So richtig wusste er nicht, was es war und er konnte es auch nicht beschreiben. Kritisch beobachtete er die Menschen. Was war an ihm so anders? Was unterschied ihn von allen anderen?

Dann fiel es ihm auf. Es waren die Farben! Die Menschen trugen bunte Kleidung, er selbst nur einen schwarzen Mantel. Aber das war nicht der eigentliche Unterschied. Es gab auch viele Menschen, die schwarze oder weiße Kleidung bevorzugten. Und doch war es eine andere Farbe als seine. Vielmehr, es war eine Farbe! Er selbst wirkte farblos. Wie eine Figur aus dem Schwarzweißfernsehen, die zufällig in eine Farbfernsehsendung hineingeraten war und dort eigentlich gar nicht hingehörte. Weder seine Kleidung hatte eine Farbe noch seine Haut, seine Augen oder seine Haare.

Ein schrecklicher Gedanke ließ ihn nicht los: Wie sollte er die Helle Seite nach Mond zurückbringen, wenn er selbst bei den Menschen keine Farben annahm? Er musste Lara unbedingt finden. Nur sie konnte ihm helfen.

Aber wo sollte er zu suchen beginnen? Während er noch darüber nachdachte, hörte er plötzlich, wie jemand »Lara, Lara pass auf!« rief.

Als er in die Richtung blickte, aus der der Ruf kam, entdeckte er eine Gruppe von Kindern, die gerade die Straße überquerte. Ein Mädchen war noch schnell bei Rot hinübergelaufen und die Lehrerin schimpfte es gerade. War das Lara? War es die Lara, die er suchte?

Am besten folgte er ihnen, um es herauszufinden. Er beschleunigte seine Schritte. Als er sie fast eingeholt hatte, verringerte er das Tempo und passte es ihrem an, sodass er sie nicht aus den Augen verlor. Er war gespannt, wohin sie gehen würden. Jetzt konnte er Lara in Ruhe betrachten. Sie trug ein rotes kurzärmeliges Kleid und schwarze Schuhe. Einen kleinen blauen Jeansrucksack mit einer Mausfigur – Mickey Mouse, wie er später erfuhr – hatte sie umgehängt. Ein Sonnenhut verdeckte ihre Haare. Sie war ein wenig pummelig, man merkte, dass ihr das Essen schmeckte.

Gerade drehte sie sich um und deutete auf ein Gebäude, während sie mit einer Freundin redete. Nun konnte Adulesci ihr Gesicht mustern. Sie hatte braune Augen, die schelmisch dreinblickten. Wahrscheinlich spielte sie gerne Streiche. Außerdem lachte sie gern. Sie hatte ein helles Lachen, das wie Glockenläuten klang. Was sie wohl hier machte?

Alle Kinder hatten einen Rucksack dabei. Keiner glich dem anderen. Da gab es ganz bunte, aber auch einfarbige Rucksäcke. Oft war darauf eine Figur abgebildet, aus einem Comic, wie Adulesci später erfuhr. In den Rucksäcken befand sich die Jause der Kinder. Sie machten einen Schulausflug nach Salzburg und wollten das Haus der Natur besuchen. Und dorthin gingen sie gerade.

Vor dem Gebäude blieb die Lehrerin noch einmal kurz stehen, um sich zu überzeugen, dass kein Kind fehlte. Adulesci blieb auch stehen. Er musterte die Lehrerin. Sie war eine hübsche Frau und noch sehr jung. Man merkte, dass die Kinder sie mochten und dass sie die Kinder auch mochte. Der Ausflug machte ihr sichtlich Spaß, auch wenn es sehr anstrengend für sie sein musste. Ununterbrochen konnte man »Frau Lehrerin …« hören.

Adulesci war froh, dass er kein Lehrer war. Ständig neue Fragen und Probleme. Er hätte nicht die Geduld, sich alles anzuhören und für alle da zu sein. Auf Mond gab es überhaupt keine Lehrer und natürlich auch keine

Schulen. Dort lernte man alles, was man wissen musste von seinen Eltern und den Nachbarn. Besser gesagt: Man lernte überhaupt nicht so, wie hier die Kinder lernten. Es ging alles ganz nebenbei. Man schaute zu, was die anderen machten und probierte es selbst aus. War es schwierig, bat man jemanden, der gerade Zeit hatte, es ihm zu zeigen. Und auf einmal konnte man es dann. Hier aber lernten die Kinder alles zu fest eingeteilten Zeiten und in einem ganz bestimmten Gebäude, dass sie ›Schule‹ nannten.

16. Lara

Mittlerweile waren die Kinder in das große Haus hineingegangen. Adulesci folgte ihnen. Neugierig blickte er sich um. Das Erste, was ihm auffiel, war ein riesiges Saurierskelett, das gleich in der Eingangshalle stand. Es war etwa so groß wie Hyd. Gab es hier auch Hybriden? Die Lehrerin erklärte den Kindern, dass die Dinosaurier vor sehr langer Zeit auf der Erde gelebt hätten und schon lange ausgestorben seien.

Schade, dachte sich der Albino, er würde hier wohl keine Artgenossen von Hyd finden.

Die Kinder folgten der Lehrerin in einen angrenzenden Raum. Hier gab es viele Fische und andere Meeresbewohner in Aquarien. Adulesci war von der Farbenpracht dieser Tiere und Pflanzen fasziniert. So ähnlich musste es früher bei den Barris auch ausgesehen haben, bevor ES geschah. Hier schwammen Fische in allen Farben, von Zitronengelb über Himmelblau bis Zinnoberrot. Korallen dienten als herrliche Farbkulissen.

In der Mitte des Raumes befand sich ein großes rundes Aquarium. Um dieses drängten sich die Kinder. Die Lehrerin erklärte ihnen, dass darin echte Haie schwammen: Katzenhaie. Der Albino fand sie nicht besonders hübsch. Viele andere Fische hatten schönere Farbtöne als diese schwarzweiß gemusterten Räuber der Meere. Sie fielen nicht besonders auf. Gute Tarnung sei notwendig, um ihre Beute fangen zu können, erklärte die Lehrerin.

Bald würden die Kinder und auch Adulesci den wahren Herrscher der Meere kennenlernen. Den weißen Hai. Im oberen Stock war sein Kiefer ausgestellt. Größer als ein erwachsener Mensch! Ein leichter Schauer lief ihnen über den Rücken, als sie ihn betrachteten. Es gab auch eine Ausstellung über die Raumfahrt.

Der Albino war fasziniert, dass die Menschen sogar bis zu den Sternen und zum Mond gelangen konnten. Vielleicht konnte er so zu seiner Welt zurückkehren? Der Mond war ein kleiner runder Ball, der um die Erde kreiste. Sollte dieser Mond identisch mit seiner Welt Mond sein? Er hoffte es, doch als er weiter darüber nachdachte, bezweifelte er dies. Der Mond war rund, ihm fehlte keine Helle Seite. Vielmehr leuchtete er hell und er nahm zu und ab, je nachdem, welcher Zyklus gerade an der Reihe war. Der Zyklus hatte etwas mit der Umrundung der Erde und mit der Sonne zu tun, so viel erfuhr Adulesci. Aber wie es genau funktionierte, verstand er nicht.

Im Haus der Natur gab es noch viele andere Sachen, vor allem Tiere, zu sehen. Auf der Erde lebten so ähnliche Wesen, wie die Hommel, sie hießen Murmeltiere. Doch alle Tiere hier waren unintelligent. Adulesci hatte versucht, sich mit den Fischen zu unterhalten. Er wollte von ihnen wissen, ob es hier eine Art Barris gab, und wie es ihnen hier hinter dem Glas gefiel. Aber sie hatten ihm nicht geantwortet. Es gab nur eine einzige Lebensform hier, die sprechen und denken konnte und nicht vom Instinkt geleitet wurde, und das waren die Menschen.

Natürlich verständigten sich auch die Tiere untereinander, aber eben nicht so, dass er oder jemand anderes sich mit ihnen unterhalten konnte. Das fand er sehr schade. Wie viel könnte man doch voneinander lernen!

Die Lehrerin sagte zu den Kindern, dass sie jetzt nach Hause fahren würden.

Adulesci hatte sich schon die ganze Zeit überlegt, wie er mit Lara ins Gespräch kommen konnte. Aber sie war immer mit anderen Kindern zusammen, und der Albino selbst war so damit beschäftigt, alles anzusehen und förmlich in sich aufzusaugen, dass er keine Zeit gefunden hatte, mit Lara zu sprechen. Jetzt allerdings lief ihm die Zeit davon.

Als sie wieder in die große Eingangshalle kamen, fasste sich der Albino ein Herz und ging zu Lara hinüber. Sie hatte sich auf den Boden gesetzt und kramte aus ihrem Rucksack eine kleine Flasche mit etwas zu trinken darin hervor. Adulesci spürte, dass auch er sehr durstig war. Er starrte die kleine Flasche mit ihrem bräunlichen Inhalt an. Ob das gut schmeckte?

»Willst du auch mal trinken?« Lara hielt ihm die Flasche hin.

»Danke, sehr gerne.« Der Albino nahm sie und trank daraus. Es schmeckte süßlich, aber auch leicht säuerlich.

»Was machst du hier? Ich habe dich gesehen, du bist uns die ganze Zeit über gefolgt.«

Adulesci fühlte sich ertappt. Er hatte nicht damit gerechnet, dass er ihr aufgefallen war.

Als ob Lara seine Gedanken lesen könnte, sagte sie: »Wie du uns gefolgt bist, war nicht auffällig. Du selbst fällst auf. Du bist irgendwie anders. Obwohl du den anderen nicht aufgefallen bist.«

Tatsächlich hatten ihn die anderen Kinder nicht bemerkt. Sie hatte mit fast allen darüber gesprochen, aber er war niemandem aufgefallen.

Nachdenklich schaute sie ihn an. »Irgendetwas an dir ist ganz und gar anders.« Nach einer weiteren Weile, in der sie ihn genau gemustert hatte, meinte sie: »Ich kann nicht sagen, was an dir so anders ist, aber etwas stimmt ganz und gar nicht. Aber nun sag schon, was machst du hier?«

Adulesci überlegte, was er antworten sollte. Seine Geschichte klang absolut unglaubwürdig und er konnte sie ihr nicht in den wenigen Minuten erzählen, die ihm bis zu ihrer Heimfahrt verblieben. Aber er musste erreichen, dass sie ihn mitnahm. Er war sich fast ganz sicher, dass sie jene Lara war, die Mond retten konnte. Ihr war aufgefallen, dass er anders, farblos, war. Niemand sonst hatte es bemerkt. Er musste alles riskieren und ihr eine glaubwürdige Geschichte erzählen, aber ihm fiel nichts ein. Die Zeit drängte und er fühlte, wie die Verzweiflung wieder von ihm Besitz ergriff. Er hatte so viel gewagt und hatte viele Hindernisse überwunden, er war zu den Menschen gekommen und hatte sogar Lara gefunden. Schließlich fing er an zu stottern: »Ich bin wegen dir da. Lange habe ich dich gesucht. Ich habe viele Gefahren überwinden müssen, um dich zu finden. Nur du kannst uns helfen. Nimm mich mit, dann werde ich dir alles erklären.« Er sah ihren zweifelnden Blick. »Bitte, du musst mich mitnehmen!« In seiner Stimme lag tiefe Verzweiflung.

Lara fühlte, wie viel ihm daran lag, mitzukommen. Was würden ihre Eltern sagen, wenn sie plötzlich mit – Mit wem eigentlich? – vor der Tür stand? Trotzdem – sie mochte ihn irgendwie.

»Wie heißt du eigentlich?«

»Adulesci.«

»Ich bin Lara.«

Eine Weile war es still. Dann nickte Lara. »Okay. Komm mit.« Sie nahm seine Hand und ging zur Lehrerin hinüber. »Das ist mein Cousin Adulesci. Seine Mutter musste heute ins Krankenhaus. Eine akute Blinddarmentzündung. Bis sie wieder gesund ist, soll er zu uns kommen. Sein Vater muss arbeiten und kann sich nicht um ihn kümmern. Kann er mit uns zurückfahren?«

Die Lehrerin sah Adulesci zweifelnd an. »Ist er nicht schon groß genug, um auf sich selbst aufzupassen?«

Lara sah die Lehrerin mit verschwörerischem Blick an und flüsterte dann leise: »Er ist geistig etwas zurückgeblieben – aber das darf man in seiner Gegenwart nicht sagen …«

Adulesci war erstaunt, was Lara sich da zusammenreimte. Sie log das Blaue vom Himmel herunter, um ihn mitnehmen zu können. Jetzt war er sich sicher: Diese Lara war die richtige Lara. Nur sie konnte Mond retten!

Die Lehrerin wandte sich nun Adulesci zu. Er hatte nicht viel verstanden, was Lara noch alles erzählt hatte. »Du armer Junge. Hoffentlich geht es deiner Mutter bald besser. Los, komm mit.« Sie sah ihn noch einmal mitleidig an, bevor sie die Kinder zusammentrommelte und sie zum Bus gingen.

Was Lara ihr wohl alles erzählt hatte? Irgendwie kam Adulesci sich schäbig vor, dass sie die Lehrerin wegen ihm so anschwindeln musste. Aber es war die einzige Möglichkeit. Die Wahrheit hätte sie nicht geglaubt, sondern ihn für verrückt erklärt.

Er stieg hinter Lara in ein großes seltsames Ding ein, das sie ›Bus‹ nannten.

Der Bus war ziemlich groß und hatte drinnen Sitze, jeweils zwei nebeneinander auf beiden Seiten. In der Mitte blieb ein schmaler Gang frei. Die Kinder setzten sich auf die Sitze. In der letzten Reihe hatten fünf Kinder nebeneinander Platz. Dorthin stürmten die Buben und stritten sich um die Plätze.

Adulesci wusste nicht so recht, was sie in dem Bus machen sollten. Er setzte sich neben Lara, und gerade als er sie fragen wollte, hörte er ein komisches Brummen und spürte, wie der gesamte Bus zu zittern begann. Dann bewegte er sich! Der Bus bewegte sich! Adulesci spürte, wie Angst in ihm aufstieg. Aber die anderen Kinder blieben ganz ruhig. Vielmehr, sie unterhielten sich miteinander und stritten sich auch ein bisschen. Es war also alles völlig normal. Kein Grund zur Panik. Der Albino beobachtete, wie sie an Häusern und anderen Gebäuden vorbeifuhren, die hinter ihnen immer kleiner wurden und schließlich ganz verschwanden.

»Ist das ein Tier?«, wollte er von Lara wissen.

»Was? Was soll ein Tier sein?« Lara blickte sich suchend um, um zu entdecken, was Adulesci gemeint haben könnte.

»Der Bus.«

»Der Bus?« Sie blickte ihn verständnislos an. »Der Bus ein Tier?«

»Ja. Ist der Bus ein Tier?«

»Nein, wie kommst du denn darauf?«

»Er bewegt sich von selbst. Er brummt.«

»Glaubst du wirklich, dass wir in einem Tier sitzen?« Lara musste lachen.

Genau das war ihm ja auch so komisch vorgekommen. Deshalb hatte er auch Angst gehabt. Trotzdem, wer wusste, was es hier auf der Erde alles sonst noch gab!

»Nein, das ist kein Tier«, sagte Lara, als sie merkte, dass seine Frage ernst gemeint war. »Das ist ein Autobus. Lauter Technik. Wie die Eisenbahn und die Flugzeuge. Es sind keine Lebewesen, sondern die Menschen haben sie erfunden, damit sie sie von einem Ort zum anderen bringen können. Ein Motor treibt sie an. Aber das kann dir mein Papa besser erklären. Er ist Automechaniker.«

»Automechaniker?«

»Eine Art Doktor für die Autos. Wenn sie kaputt sind oder ihnen sonst etwas fehlt, dann macht mein Papa sie wieder gesund. Nun sag mir aber, woher du kommst. Du bist nicht von hier, oder?«

Adulesci nickte: »Das ist eine lange und ziemlich verrückte Geschichte. Ich erzähle sie dir besser, wenn wir allein sind.«

»Wie du meinst. Nur eine Frage habe ich noch, was bringt dich von einem Ort zum anderen?«

»Ich fliege mit Hyd, dem Hybriden. Er ist mein Freund.«

»Ein Hybride? Was ist ein Hybride?«

»Ein Flugvogel. Damit kann man fliegen. Wir haben aber auch Grashopper, auf denen man in den Savannen reiten kann, und noch andere Tiere.«

Währenddessen hatten sie die Stadt verlassen und fuhren auf einer großen ziemlich geraden Straße dahin. Rechts und links davon standen vereinzelt Häuser, Bäume und Büsche. Es gab viel grünes Gras und Felder. Golden glänzte das Getreide im Sonnenlicht. Welch herrlicher Anblick!

Adulesci bat Lara, mit ihm den Platz zu tauschen, damit er am Fenster sitzen konnte. Sie erfüllte ihm seine Bitte gerne. Nun konnte sie sich mit den Kindern gegenüber unterhalten, während der Albino fasziniert die Landschaft betrachtete.

Hier gab es viel zu sehen. Je länger sie fuhren, desto ländlicher wurde die Gegend. Ein Feld lag neben dem anderen, und jedes hatte eine eigene Farbe. Dunkle saftige grüne Wiesen lagen neben goldenen Kornfeldern. Braune und schwarz-weiß-gefleckte Kühe grasten gemächlich auf hellgrünen Weiden. Hin und wieder konnte Adulesci einen kleinen Teich entdecken, der von Schilf und Bäumen eingerahmt wurde. Und immer wieder standen Häuser in der prachtvollen Landschaft. Manche waren ganz in die Umgebung eingebunden, so als ob sie hier genauso wie die Bäume und Sträucher gewachsen waren. Andere wiederum sprangen förmlich ins Auge, so als wollten sie mit dem ganzen Drumherum nichts zu tun haben. Es gab große und kleine Häuser, oft bildeten sie eine Siedlung zusammen mit vielen anderen, manchmal standen sie ganz alleine. Die meisten waren weiß oder beige, andere aber hatten eine grelle Fassade. Das waren die, die auffallen wollten. Viele hatten einen Balkon aus Holz und andere Verzierungen. Und alle besaßen einen mehr oder weniger großen Garten. In diesen Gärten konnte der Albino viele Blumen entdecken, in vielen verschiedenen Farben.

Die ganze Fahrt über klebte sein Gesicht förmlich an der Fensterscheibe. Als sie fast da waren, fuhren sie durch einen großen Wald. In den Tiefen Wäldern seiner Heimat war wohl das Grün der Bäume noch viel dunkler gewesen als hier. Adulesci seufzte. Würde er jemals wieder zurückkehren? Und würde er die Helle Seite zurückbringen können? Jetzt wusste er, was ihm und allen anderen so schrecklich gefehlt hatte – die Farben. Sie waren wirklich wundervoll. Für die Menschen war das alles selbstverständlich. Sie nahmen sie gar nicht mehr so richtig wahr.

»Jetzt weiß ich, was an dir so anders ist«, sagte Lara an Adulesci gewandt. »Du bist farblos. Deine Kleidung hat keine richtige Farbe, sondern ist grau, wie bei einem Schwarzweißfilm im Fernsehen, und auch deine Haut und deine Haare.« Sie sah ihn neugierig an: »Was bedeutet das? Bist du krank?«

»So etwas Ähnliches. Ich werde dir alles später erzählen«, winkte der Albino ab.

Jetzt hatten sie ihr Ziel fast erreicht. Lara erklärte ihm die Gegend: »Dieser Ort hier heißt Hochburg-Ach. Der Fluss, der dort fließt, heißt Salzach. Es ist derselbe, den du auch in Salzburg gesehen hast.«

Adulesci betrachtete den Fluss, der sich wie ein grünes Band durch die Landschaft schlängelte.

»Auf der anderen Seite des Flusses liegt Burghausen. Eine deutsche Kleinstadt. Die Salzach bildet hier die Grenze zwischen Deutschland und Österreich. Jetzt kommen wir gleich zur Schule.«

Der Bus hielt vor einem eher kleinen, alten Gebäude. Adulesci war enttäuscht. Eine Schule hatte er sich viel größer vorgestellt. Zurzeit wurde gerade der neue Turnsaal errichtet. Mit geschwungenen Buchstaben stand über der Türe: ›Volksschule Ach‹. Hinter den Fenstern konnte er kleine Tische und Stühle erkennen, die in Reihen angeordnet waren. Alle gaben den Blick auf eine große Tafel frei. Vor der Tafel stand ein etwas größerer Tisch. Dort saß wohl die Lehrerin, vermutete der Albino. Was Kinder in der Schule genau machten, erfuhr er aber erst später. Lara erzählte ihm davon, vor allem wenn sie schwierige Hausaufgaben machen musste, fing sie an, über die Schule zu schimpfen. Adulesci musste dann immer sehr lachen. Es sah einfach zu komisch aus, wenn sich Lara aufregte. Dann kräuselte sie ihren Mund und schob die Zunge ein Stück hinaus. Trotzdem biss sie sich kein einziges Mal auf die Zunge.

Einige Kinder stiegen aus. »Sie wohnen hier in der Nähe«, erklärte Lara. Sie und die meisten anderen blieben im Bus sitzen.

Der Bus fuhr weiter und hielt oft an, um einige Kinder aussteigen zu lassen. So lernte der Albino Hochburg-Ach kennen. Es war ein hübscher Ort. Eigentlich waren es zwei Orte: Hochburg und Ach. Eine Doppelgemeinde. Es gab zwei Kirchen, zwei Volksschulen und zwei Feuerwehren. Alles doppelt. Das fand er ein bisschen merkwürdig, aber so war es eben. Und obwohl es oft kleine Zwistigkeiten zwischen Hochburg und Ach gab, hielten die Bewohner doch fest zusammen, wenn es nötig war.

Endlich hatten sie ihr Ziel erreicht. Der Bus hielt vor einem kleinen alten Haus, das etwas abseits stand. Sie stiegen aus.

Lara öffnete das Gartentor. »Komm rein, hier wohne ich.«

Adulesci blickte sich neugierig um. Als Erstes fiel ihm der große Garten auf. Er war zwar ein bisschen verwildert, aber dafür wuchsen hier viele verschiedene Pflanzen. Vor allem Wiesenblumen gab es in großen Mengen. War bei den meisten anderen Hauseigentümern das Augenmerk auf einen wenige Zentimeter langen, schön geschnittenen Rasen gerichtet, so durfte hier alles wild durcheinander wachsen. Und genau das machte seinen besonderen Reiz aus, fand Adulesci. Weiße Margeriten und Gänseblümchen, blaue Wiesenglockenblumen und gelber Löwenzahn, violette Kuckucksblumen, weißer und rosa Wiesenklee bildeten zusammen mit vielen anderen Blumen einen bunten Fleckenteppich.

Das Haus selbst, zu dem sie nun gingen, war klein und schon ziemlich alt. Die Farbe war schon etwas verwittert und blätterte ab. Auf dem Dach setzte sich bereits Moos an. Auch die Fensterläden benötigten dringend einen neuen Anstrich. Trotzdem wirkte es sehr heimelig, und Adulesci fühlte sich sofort zu Hause, obwohl er eigentlich nur die Höhlen der Albinos gewohnt war. Er wusste nicht so recht, was es war, das ihn so anzog. Das Haus schien eine eigene Persönlichkeit zu besitzen, die Wohlbehagen ausstrahlte.

Lara klingelte.

17. Laras Zuhause

Eine Frau öffnete die Tür. Sie war klein und rundlich. Ihr ganzes Wesen strahlte Gemütlichkeit aus. Auf ihrem Gesicht lag stets ein Lächeln. Außer wenn sie Lara schimpfte. Dann versuchte sie, grimmig dreinzuschauen. Lara musste dann immer lachen und steckte damit ihre Mutter an. Auch sie hatte ebenso wie Lara braune Augen und nussbraunes Haar. Sie trug eine weinrote Schürze mit einigen undefinierbaren Flecken. Laras Mutter war gerade beim Kochen, als sie ankamen.

Als sie Lara erblickte, nahm sie sie in die Arme und gab ihr einen Kuss auf die Wange. Sie fragte, wie ihr der Ausflug gefallen hätte und was sie gesehen hätte. Lara deutete auf den Albino und stellte ihn vor: »Das ist Adulesci.«

Erst jetzt bemerkte Laras Mutter ihn, musterte ihn mit einem raschen Blick und sagte dann: »Adulesci … ein seltsamer Name.« Sie lächelte ihn an. »Schön, dich kennenzulernen, ich bin Laras Mutter. Nun kommt aber herein, oder wollt ihr den ganzen Tag hier draußen herumstehen?«

»Ich habe den Garten bewundert. Er gefällt mir sehr gut.« Adulesci blickte sich noch einmal um.

»Findest du wirklich? Ich lasse ihn einfach so wachsen, wie er will. Mein Mann ist zwar nicht sehr glücklich darüber, aber mir gefällt ein natürlicher Garten viel besser, als ein exakt geschnittener Rasen. Zwar muss man auch einiges machen, damit er nicht zu wild wuchert, aber dafür sind die Schafe zuständig.«

Schafe? Was um Himmels willen waren Schafe? Erst später entdeckte Adulesci, dass damit drei Tiere mit weißem wuscheligen Fell gemeint waren, die in einem kleinen Schuppen hinter dem Haus wohnten und dafür sorgten, dass das Gras nicht zu hoch wuchs, indem sie es abfraßen. Lara mochte sie sehr gern. Adulesci selbst fand sie ziemlich uninteressant. Sie blökten nur und brachten wie alle Tiere hier kein einziges vernünftiges Wort über die Lippen.

Sie gingen ins Haus. Es war sehr gemütlich eingerichtet. Aus der Küche stieg ihnen ein duftender Essensgeruch in die Nase. Adulesci spürte großen Hunger. Neben der Küche, in der sich Töpfe und allerlei Geschirr stapelten, gab es noch ein Wohnzimmer, zwei Kinderzimmer und ein Schlafzimmer, und ein Badezimmer natürlich.

Lara hatte noch einen Bruder, Karl, den Adulesci jetzt kennenlernte. Er war etwas jünger als seine Schwester und ging noch in den Kindergarten. Lara erzählte dem Albino, dass sie Karl am Anfang gehasst hatte. Als ihre Mutter mit dem Baby aus dem Krankenhaus nach Hause kam, fühlte sie sich überflüssig und ungeliebt. Erst nach und nach, als sie gemerkt hatte, dass ihre Eltern sie genauso liebten wie zuvor, hatte sie ihren Bruder akzeptiert und mittlerweile sehr lieb gewonnen, auch wenn er manchmal lästig war.

Ihr Vater war noch bei der Arbeit, würde aber bald nach Hause kommen. Dann gab es auch Abendessen. Bis dahin zeigte Lara ihm ihr Zuhause. Laras Zimmer war zwar klein, aber der Raum war sehr gut ausgenutzt. Den Mittelpunkt bildete ein großes Bett mit einer kunterbunten Bettdecke. Häuser, Autos, Flugzeuge, Figuren, Tiere und vieles andere waren willkürlich hinaufgezeichnet.

»Meine Mutter findet sie schrecklich.« Lara hatte Adulesci beobachtet, wie er die Decke angestarrt hatte und sich dabei überlegte, ob sie ihm gefiel.

»Sie ist etwas – bunt«, meinte er unsicher.

Lara lachte. »Keine Angst, sie muss dir nicht gefallen.«

»Oh doch, ich finde sie ganz …«, der Albino suchte nach dem richtigen Wort, »… interessant.«

»Interessant? Okay. Nun komm aber weiter, ich zeige dir das Zimmer von Karl.«

Karls Zimmer war etwas kleiner, als das von Lara, und unordentlicher. Überall lag Spielzeug herum, sodass man bei jedem Schritt achtgeben musste, damit man nicht auf eines trat. Die Möbel waren ganz bunt im Gegensatz zu Laras Schränken, die aus hellem Fichtenholz bestanden. Doch am lustigsten fand Adulesci das Bett, das Karl nur über eine kleine Leiter erreichen konnte, da es über dem Schreibtisch angebracht war. Laras Bruder liebte es, von oben hinunterzuspringen und wieder hinaufzuklettern.

Das Schlafzimmer der Eltern war einfach, aber geschmackvoll eingerichtet. Das Wohnzimmer war sehr gemütlich. Den Mittelpunkt bildete der Fernseher … Der Fernseher! Adulesci war zuerst ganz erschrocken über die vielen Bilder, die er in dem Kasten sah. Menschen, Autos, Wohnungen und vieles andere. Es musste ein sehr guter Zauberer sein, der alles in diesen Kasten hineinzauberte. Erst später fand der Albino heraus, dass es mit Kameras funktionierte, die die Bilder übertrugen. Aber so recht verstehen konnte er es dennoch nicht.

Jetzt kam Laras Vater nach Hause und sie liefen hin, um ihn zu begrüßen. Karl hatte ihn als Erster erreicht. Der Vater hob ihn hoch und wirbelte ihn herum. Karl jauchzte vor Freude. Dann ließ er ihn wieder hinunter und gab seiner Tochter einen Kuss.

»Das ist Adulesci«, stellte Lara den Albino vor.

»Schön, dich kennenzulernen.« Er nickte ihm zu, dann rief er in Richtung Küche: »Ah! Was duftet hier so hervorragend? Hat das meine bezaubernde Frau gezaubert?«

Laras Mutter kam lächelnd aus dem Zimmer und wiegelte ab: »Du alter Übertreiber.« Dann gab sie ihm einen Kuss und meinte: »Nun kommt aber, das Essen ist fertig.«

Sie setzten sich an den Küchentisch, der von Karl gedeckt worden war, wie er freudestrahlend berichtete. Dann teilte die Mutter das Essen aus. Eine Weile blieb es still. Dann fragte Laras Vater lächelnd, wie es ihr in Salzburg gefallen hatte. Sie erzählte begeistert vom Haus der Natur, das sie sich angesehen hatten, vor allem von den Katzenhaien und der Raumfahrtausstellung. Das hatte sie am meisten beeindruckt.

Dann fragte ihr Vater Adulesci, wo er wohne und was er mache. Der Albino schaute Lara hilfesuchend an. Er konnte ja schlecht die Wahrheit erzählen, dass er zu seiner Tochter gekommen war, damit sie seine Welt rettete.

Lara fing seinen Blick auf und mischte sich ein: »Adulesci ist ein Austauschschüler aus Polen. Er war bei einer Familie untergebracht, aber sie musste verreisen. Kann er ein paar Tage bei uns bleiben?«

Ihre Eltern starrten sie überrascht an. Darauf waren sie nicht vorbereitet gewesen. Sie hatten geglaubt, dass er irgendwo hier in der Nähe wohnte und sie nur besuchte, aber nicht, dass er hierbleiben sollte.

»Warum mussten sie verreisen? Und wo ist dein Gepäck?«, wollte der Vater wissen.

»Sie … Sie mussten weg, weil die Oma krank wurde. Sie wollen sie besuchen«, erklärte Lara.

»Tatsächlich? Die ganze Familie? Und Adulesci nehmen sie nicht mit?«, fragte er ungläubig. Dann sah er seine Tochter streng an: »Du sollst uns nicht anlügen! Adulesci ist doch von zu Hause fortgelaufen, nicht wahr?«

Laras Blick traf sich mit dem des Albinos. ›Warum nicht?‹, schien sie zu sagen. Er wusste zwar nicht genau, was mit Weglaufen gemeint war, doch er nickte kleinlaut. Er fühlte sich sehr schlecht, weil er diese nette Familie anlügen musste. Auch Lara war kleinlaut, ihr fiel es noch schwerer, ihren Eltern nicht die Wahrheit erzählen zu können. Abgesehen davon, dass sie selbst auch nicht wusste, was er hier machte. Wer war dieser Adulesci eigentlich? Sie hatte noch keine Zeit gehabt, ihn zu fragen, warum er hierher gekommen war.

»Ich werde mit deinen Eltern reden«, versprach Laras Vater. »Es ist bestimmt nicht so schlimm, wie es aussieht. Gleich fortzulaufen, so ein Blödsinn. Sie werden sich sicher Sorgen machen. Wie ist deine Telefonnummer?«

Telefonnummer? Was sollte er bloß sagen? Adulesci zuckte mit den Achseln.

»Ihr habt kein Telefon?« Er sah ihm fest in die Augen.

»Nein«, war das Einzige, was der Albino über die Lippen brachte.

Der Vater nickte. Er glaubte ihm. »Dann müssen wir ein Telegramm schicken. Wie ist die Adresse?«

Adresse? Adulesci spürte, dass er etwas sagen musste. Aber was? Eine Adresse hatte offensichtlich jeder.

Lara sprang auch dieses Mal ein. Sie nannte eine Adresse und ihr Vater machte sich, nachdem sie die Teller abgeräumt hatten, auf dem Weg zur Post, um ein Telegramm aufzugeben. Lara nahm Adulescis Hand und zog ihn aus der Küche. Sie gingen in den Garten.

»Ich habe ihm die alte Adresse einer Brieffreundin gegeben, die gerade umgezogen ist. Die neuen Bewohner werden glauben, dass das Telegramm nicht für sie bestimmt ist. Vorerst bist du sicher.«

Sie gingen ein Stück weiter und setzten sich in die Wiese. »Nun erzähl aber, was du hier machst und woher du kommst. Und warum soll gerade ich dir helfen können?«

Adulesci erzählte ihr von Mond, vom Verschwinden der Hellen Seite und der Farben, vom Letzten Weisen und dem Auftrag, den er erhalten hatte und schließlich von seiner Suche und den Hinweisen, die er dabei erhalten hatte. »Nur Lara bei den Menschen kann uns helfen, die Helle Seite wiederzufinden«, schloss er.

Eine Weile blieb es still zwischen ihnen.

»Meinst du wirklich, dass ich die richtige Lara bin?«, fragte sie zweifelnd. »Ich bin doch noch ein Kind! Wie soll ich dir helfen? Ich kenne Mond gar nicht.«

»Ich weiß es nicht. Ich weiß nicht, ob du die richtige Lara bist. Aber du hast bemerkt, dass ich anders bin, dass mir die Farben fehlen. Keinem sonst ist es aufgefallen. Und ... du bist die einzige Hoffnung, die ich habe.« Adulesci war ratlos. Er hatte gedacht, wenn er Lara fand, dann würde sie sofort wissen, was zu tun war und dann käme alles wieder in Ordnung. Dass sie selbst nicht wusste, wie sie Mond retten konnten, hätte er nicht gedacht. Vielleicht war sie doch nicht die richtige Lara? Mutlos senkte er den Kopf.

»Was für ein schöner Sonnenuntergang!« Lara deutete nach Westen.

Während sie redeten, war es immer dunkler geworden und nun ging die Sonne unter. So etwas Schönes hatte der Albino noch nie gesehen. Die Sonne, selbst ein großer roter Feuerball, tauchte den ganzen Himmel in ein orangefarbenes Licht. Ein großartiges Schauspiel. Fasziniert beobachtete er, wie die Sonne unterging und die letzten blutroten Feuerstreifen verschwanden. Das Dunkel verschluckte sie.

Adulesci fühlte große Traurigkeit in sich aufsteigen. So musste es auch auf Mond gewesen sein, als die Helle Seite verschwand. Am nächsten Morgen ging die Sonne nicht mehr auf und tauchte alles in einen goldenen Schimmer, sondern es blieb nur ein fahles weißes Licht. Es gab keinen Sonnenuntergang mehr, der alles in rote Farbe tauchte.

»Kommt herein, Zeit zum Schlafengehen! Lara, du musst morgen in die Schule.«

»Los komm, meine Mutter hat uns gerufen.«

Sie gingen ins Haus. Adulesci bekam ein provisorisches Bett auf dem Sofa im Wohnzimmer. Wie lange hatte er nicht mehr in einem richtigen Bett geschlafen? Er seufzte. Es war lange her, als er in die Hauptstadt ging, um an der Großen Ratsversammlung teilzunehmen und er dann den Auftrag bekam, die Helle Seite zu finden. Und jetzt war er also hier, am Ziel seiner Reise, und doch wieder nicht. Er hatte Lara gefunden, wusste aber genauso viel wie am Anfang seiner Reise. Wie sollte er die Helle Seite finden? Doch er würde sie finden, dass spürte er tief in seinem Herzen. Und wenn er die ganze Erde durchsuchen musste! Hoffentlich war es dann für Mond nicht zu spät. Er dachte an die Tiere, die Selbstmord begingen, weil sie die Leere nicht mehr aushielten. Und an die Verrückten, die wie Krak sich und andere gefährdeten. Wie lange würden sie es noch ohne Farben aushalten? Adulesci selbst fühlte sich glücklich. Farben! Er wusste jetzt, was ihm so lange gefehlt hatte. Die Verzweiflung, die Zeit seines Lebens in ihm schlummerte, war verschwunden. Er hatte sie nie so richtig gespürt. Es war mehr ein Unwohlsein, das sich im Laufe der Zeit steigerte. Irgendwann hielt man es nicht mehr aus und wurde verrückt. Ach, wie gern würde er ein paar Farben mitnehmen und in seine Welt zurückkehren. Dann wäre alles gut. Aber er konnte es nicht, er selbst blieb in der farbigen Welt farblos.

All das Nachdenken hatte keinen Sinn. Er musste jetzt schlafen, damit er morgen fit war. Doch all die neuen Eindrücke ließen ihn erst sehr spät einschlafen, obwohl er sehr müde war.

Als Adulesci am nächsten Morgen aufwachte, war es schon sehr spät. Lara war bereits in der Schule und Karl im Kindergarten. So hatte der Albino genügend Zeit, die Umgebung näher kennenzulernen. Er ging noch einmal durch alle Zimmer, um sie in Ruhe zu betrachten. Am lustigsten fand er das Badezimmer und darin das WC. Man setzte sich einfach drauf, und wenn man sein Geschäft beendet hatte, zog man an einer Schnur und das Wasser spülte alles fort. Wie kam das Wasser in den kleinen Kasten? Er hatte nicht gesehen, dass es von irgendwo hergeholt werden musste. Auch in der Küche gab es ein kleines Ding, das sie ›Wasserhahn‹ nannten, aus dem das Wasser einfach herauskam, wenn man ihn aufdrehte. Das Gleiche galt für das Licht. Drückte man auf einen Schalter, dann wurde es hell. Es waren keine Irrlichter sondern Glühlampen. Sie flackerten auch nicht. Laras Vater nannte das Wunderding ›elektrischen Strom‹.

Inzwischen war er in der Küche angelangt, wo Laras Mutter gerade irgendwelche Sachen stapelte. Sie war ständig damit beschäftigt, irgendetwas aufzuräumen. Als sie den Albino bemerkte, lächelte sie ihm zu und wünschte ihm einen guten Morgen. Dann fragte sie ihn, was er frühstücken wolle. Adulesci entschied sich für Kaffee und ein Marmeladenbrot. Es schmeckte köstlich. Vielleicht waren es die Farben, die alles viel duftender und geschmackvoller erscheinen ließen. Aber auch hier bemerkte der Albino, dass alles, was er in die Hand nahm, ein Stück Brot oder die Kaffeetasse, grau wurde. Überhaupt alles, was er anrührte verlor sofort die Farbe. Er fühlte sich sehr traurig.

Nach dem Frühstück ging er in den Garten hinaus und dann weiter in den nahegelegenen Wald. Hier war es sehr ruhig. Nur die Vögel hörte er fröhlich zwitschern. Er betrachtete die braunen Stämme der Bäume und die dunklen Risse und Rillen in ihnen. Vor allem aber konnte er sich an den grünen Blättern nicht sattsehen. Es gab so viele verschiedene Grüntöne! Da waren die dunklen ausgewachsenen Blätter, die hellgrünen jungen Triebe, gelblichgrünes Moos und hie und da bildeten Blumen bunte Farbtupfer. Aber am schönsten war das Sonnenlicht, das durch das Blätterdach fiel und allem einen goldenen Schimmer verlieh. Adulesci liebte es, das Schattenspiel am Boden zu betrachten. Er konnte sich gar nicht sattsehen und wanderte lange Zeit umher. Der Wind strich durch die Blätter, die fröhlich zu tanzen schienen. Der Albino griff nach einem Blatt, schloss die Augen und fühlte seine weiche, zarte Struktur. Er öffnete die Augen, doch als er das Blatt ansah, war es farblos und welk. Traurig sank er zu Boden und fing an, hemmungslos zu weinen. Wie konnte er Mond retten, wenn selbst die Blätter in seiner Hand farblos und welk wurden. Selbstmitleid überkam ihn. Doch er durfte nicht aufgeben, er musste eine Lösung finden und Mond die Farben zurückbringen.

Am Stand der Sonne bemerkte er, dass es inzwischen Mittag geworden war. Schnell lief er zurück zum Haus. Lara wartete schon im Garten auf ihn. Begeistert berichtete er ihr von den Farben, die er gesehen hatte. Ein Vogel mit roter Kehle hatte ihm besonders gut gefallen. Lara nannte es ›Rotkehlchen‹ und erzählte, dass auch sie diesen Vogel sehr gerne mochte. Mittlerweile waren sie ins Haus gegangen. Aus der Küche roch es bereits wunderbar nach Essen. Laras Mutter fragte, wie es in der Schule gegangen war, und ihre Tochter erzählte, was sie heute gemacht hatten.

Die Schule. Was war eine Schule? Lara hatte ihm erzählt, dass in der Welt der Menschen alle Kinder dorthin gingen, um zu lernen. Lesen, Schreiben und Rechnen, aber auch Basteln, Malen und Handarbeiten. Es gefiel ihr gut dort, auch wenn sie oft lieber länger schlafen würde. Aber in der Schule traf sie ihre Freunde und es war oft lustig, vor allem in den Pausen. In den Ferien war es da manchmal langweiliger, auch wenn sie hier viel Platz zum Spielen hatten. Lara wollte lieber mit ihren Freundinnen als mit Karl zusammen sein. Aber diese sah sie nicht jeden Tag, weil sie woanders wohnten oder in den Ferien fortfuhren. Trotzdem waren Ferien wunderschön! Am Ende aber freute sie sich schon darauf, dass die Schule wieder anfing. Dann gab es viel Neues zu erzählen.

Die Schule war für Lara wichtig. Vielleicht war dort die Helle Seite? Es war einen Versuch wert. Er musste die Helle Seite wieder nach Mond zurückbringen, damit die Farben zurückkehrten. Sie waren so schön! Schon der Gedanke an den Sonnenuntergang machte den Albino sehr froh. Oder wenn er an den Waldspaziergang dachte, verspürte er ein wunderbares Gefühl in der Magengegend. Dieses grüne Blätterdach! Und wie es glitzerte, wenn die Sonne hindurch schien!

»Kann ich morgen mit in die Schule gehen?«, fragte er Lara.

»In die Schule? Aber wozu?« Lara war verwundert.

»Vielleicht finde ich dort die Helle Seite! Komm, wir versuchen es zumindest.«

»Das wird nicht einfach sein. Man kann nicht so ohne Weiteres in die Schule mitkommen.« Sie überlegte einen Moment. »Okay, versuchen wir es. Mehr als ›Nein‹ sagen können sie nicht.«

Sie gingen in den Garten. Der Albino liebte es, die Natur zu betrachten. Immer wieder war er von der Vielfalt der Farben fasziniert. So viele verschiedene Farbtöne gab es hier! Die Schmetterlinge, die Vögel, alle sahen verschieden aus. Auf Mond unterschied sich zwar auch alles voneinander, aber alles war doch grau in grau.

»Erzähl mir ein bisschen von deiner Welt«, bat Lara Adulesci.

»Ich habe dir ja schon von meinen Abenteuern erzählt.« Lara war die Einzige, der er auch von der Welt unter dem Meer erzählt hatte. Ihr gegenüber galt sein Schwur nicht. Sie war ja kein Wesen von Mond, sondern ein Mensch. Vielmehr, fand der Albino, musste sie es sogar wissen. Sie musste alles wissen, damit sie seiner Welt helfen konnte.

»Wie hat sie ausgesehen? Die Königin der Barris?«

Adulesci fing an zu erzählen. Er sah die Königin der Barris förmlich vor sich. »Sie ist schon alt. Aber in ihrer Jugend muss sie wunderschön gewesen sein. Sie trug ein weißes Kleid. Nein, eigentlich nicht …« Weiß? Weiß war es nicht gewesen. Damals, als er sie zuerst gesehen hatte, war ihm das Kleid blütenweiß vorgekommen. Ein reineres Weiß als alles, was er zuvor gesehen hatte. Aber jetzt, da er die Farben kannte, stellte er fest, dass es gar kein richtiges Weiß war, sondern nur ein schwacher Abglanz von Weiß. Auch die pechschwarzen Thronstühle waren gar nicht richtig schwarz. Und die Korallen, die ihm so wunderschön vorgekommen waren, wie mussten sie erst mit richtigen Farben aussehen! Er konnte sich nun ein wenig vorstellen, wie es ausgesehen hatte, bevor ES geschah.

Er erzählte Lara die ganze Geschichte noch einmal. Sie liebte es, ihm zuzuhören. Er konnte wunderbar erzählen, fand sie. Es war, als ob sie alle Abenteuer mit ihm durchlebte. Doch sie wusste nicht, wie sie ihm helfen konnte, und das tat ihr unendlich leid.

Sie blieben wieder bis zum Sonnenuntergang im Garten. Langsam färbte sich der Himmel golden und dann orange. Als der rote Sonnenball im Westen untergegangen war, gingen sie ins Haus zurück.

An diesem Abend ging Adulesci früh ins Bett. Er musste morgen früh aufstehen, denn die Schule begann schon um 8:00 Uhr. Und dann wollte er ausgeschlafen sein.

18. Die Schule

Am nächsten Morgen stand der Albino schon sehr zeitig auf und ging frühstücken. Er aß wieder ein Marmeladenbrot, das ihm so schmeckte. Auch Lara war schon munter. Sie packte ihre Schulsachen ein, obwohl sie das eigentlich schon gestern Abend hätte machen sollen. Dann richtete sie noch eine Jause für Adulesci und für sie selbst her. Ihre Mutter schlief um diese Zeit noch. Sie würde in einer halben Stunde aufstehen und Karl in den Kindergarten bringen. Laras Vater war bereits in der Arbeit.

Nachdem alles verstaut war, gingen Lara und der Albino zur Bushaltestelle. Sie brauchten nicht lange zu warten. Schon nach einigen Minuten kam der Bus, mit dem sie in die Schule fuhren. Auf den Weg dorthin blieb der Bus noch oft stehen, um Kinder mitzunehmen. Obwohl es sehr früh am Morgen war, war es sehr laut im Bus. Alle Kinder redeten und schrien durcheinander. Auch Lara begrüßte lautstark ihre Freundinnen und alberte ein bisschen herum. Einige stellte sie dem Albino vor. Es waren alles Mädchen in Laras Alter.

Bald waren sie da. Der Bus hielt vor der Schule. Alle Kinder drängten hinaus. Jeder wollte der Erste sein. Es sah so aus, als ob sie Angst hätten, dass sie der Bus wieder mitnehmen würde, wenn sie nicht rechtzeitig ausstiegen.

Sie liefen hinein zur Garderobe. Dort hängten sie ihre Jacken an einen Haken und zogen sich Hausschuhe an. Jedes Kind besaß einen eigenen Haken. Dann gingen die Kinder in ihre Klassenzimmer. Laras Klasse lag im Erdgeschoss; die erste Tür, gleich auf der linken Seite. Sie ging zu ihrem Platz in der zweiten Reihe. Insgesamt gab es drei Reihen hintereinander mit drei weiteren Unterteilungen in Türreihe, Fensterreihe und Mittelreihe. Adulesci beschloss, sich in die letzte Reihe zu setzen, in der es einen freien Platz gab, weil ein Mitschüler krank war.

Nach einigen Minuten läutete eine Glocke. Die Kinder gingen zu ihren Plätzen und es wurde ruhiger. Ganz still wurde es allerdings erst, als die Lehrerin die Klasse betrat und mit einem Stapel Hefte unter dem Arm zum Katheder ging. Sie begrüßte die Schüler und meinte: »Oh, heute haben wir ja einen neuen Mitschüler ... Lara, hast du mir etwas zu sagen?« Die Lehrerin hatte sich an den Albino erinnert, den sie von Salzburg im Bus mitgenommen hatten.

Lara ging nach vorne und sprach leise mit ihrer Lehrerin. Adulesci verstand nicht, was sie ihr erzählte. Jedenfalls schaffte sie es, dass er bleiben durfte. Später, als er sie danach fragte, meinte sie nur, sie hätte gesagt, dass ihre Eltern heute fortgefahren wären, und dass sie Adulesci nicht alleine lassen wollten. Deshalb sollte er mit in die Schule gehen. Beide wussten, diese Lügengeschichten würden früher oder später einmal auffliegen. Sie hofften, dass es erst dann soweit war, wenn der Albino die Helle Seite gefunden und nach Mond gebracht hatte. Sonst würde es ziemlichen Ärger geben. Laras

Eltern hassten Lügen. Lara schätzte ihre Strafe auf mindestens einmonatigen Hausarrest. Bei dem Gedanken daran fühlte sie großes Unbehagen. Sie hatte zwar bisher noch nie Ausgehverbot bekommen, aber sie stellte sich vor, wie schrecklich es sein musste, nicht mehr mit den Freundinnen spielen zu dürfen. Am meisten aber störte sie nicht die drohende Strafe, sondern dass sie ihre Eltern und die Lehrerin angelogen hatte. Sie hasste sich dafür, wusste aber, dass sie keine andere Wahl hatte, um Adulesci zu helfen. Die Wahrheit hätte ihr niemand geglaubt. Und was würde dann aus Adulesci werden? Ihr Freund kannte hier doch niemanden sonst. Vielleicht sperrten sie ihn ein? Oder brachten ihn ins Irrenhaus? Da war es ihr lieber, ein wenig zu lügen.

Heute war Freitag, der letzte Schultag der Woche. Und er war anstrengend. Gleich in der ersten Stunde hatten sie Rechnen. Adulesci sah sich ein wenig um. Die Kinder lösten die Aufgaben gemeinsam, die Lehrerin schrieb die Ergebnisse an die Tafel. Was für eine schöne Schrift sie hatte! Mit Lara waren noch achtzehn weitere Kinder in der Klasse. An der hinteren Wand, vor der der Albino saß, hingen Bilder. Die Schüler hatten sie im Zeichenunterricht selbst gemalt. Wie hatten sie die Farben zu Papier gebracht? Vielleicht konnte er so die Farben mit nach Hause nehmen?

Schon in der nächsten Stunde fand er heraus, wie man malte. Dann hatten die Kinder nämlich Zeichnen. Jedes nahm ein Blatt Papier und einen Farbkasten aus seiner Schultasche, und nachdem die Lehrerin ihnen erklärt hatte, wie sie einen Baum zeichnen sollten, fingen sie an. Auch Adulesci probierte es aus. Vielleicht klappte es ja! Er lieh sich von Lara ein Blatt Papier und einen Pinsel. Die Wasserfarben durfte er von dem Kind mitverwenden, das neben ihm saß. Zuerst skizzierte er mit dem Bleistift einen groben Umriss des Baumes. Er hatte noch nie gemalt, und so war er erst nach mehreren Versuchen mit seinem Werk zufrieden. Dann nahm er den Pinsel, tauchte ihn kurz in einen Wassertopf und dann in die braune Farbe, wie er es bei den anderen beobachtet hatte. Er rührte so lange um, bis die Farbe schäumte. Dann zeichnete er den Stamm seines Baumes. Doch sobald er den Pinsel in die Hand nahm, wurde die braune Farbe grau. Er versuchte es mit Grün. Das gleiche Ergebnis. Sobald er den Pinsel berührte, wurde alles grau. Sein Baum war farblos. Aber nicht nur die Farben, auch das Blatt Papier verlor seine weiße Farbe und sah fahl aus.

Frustriert legte er die Malsachen zur Seite und zerriss das Bild. So konnte er die Helle Seite nicht nach Mond bringen. Der Farbkasten allein reichte nicht aus.

Nach dem Zeichnen hatten die Schüler große Pause. Sie räumten auf, packten ihre Jause aus und liefen dann auf die große Wiese vor der Schule. Dort spielten sie Fangen, Gummihüpfen oder etwas Ähnliches. Manche standen auch nur beisammen und quatschten.

Adulesci hatte sich ins Gras gesetzt und aß sein Pausenbrot. Er hatte schon großen Hunger. Vor allem das Stillsitzen in der Klasse war ihm sehr schwer gefallen. Bis jetzt hatte er immer gemacht, was er wollte. Hier in der Schule musste er die ganze Zeit auf seinem Platz sitzen und durfte nicht aufstehen und hinausgehen. Er verstand, warum die Kinder hier draußen herumliefen und viel Lärm machten. Es war der Ausgleich zum langen Sitzen während der Schulstunden.

Der Albino beschloss, draußen zu warten, bis die Schule zu Ende war. Er wollte sich umsehen. Das sagte er auch zu Lara, die sich neben ihm ins Gras gesetzt hatte. Sie verstand den Albino nur zu gut und meinte: »Du hast es gut. Du kannst draußen bleiben. Ich muss wieder hineingehen, ob ich will oder nicht.« Dabei lächelte sie ihren Freund an. Er wusste, dass sie gerne in die Schule ging, auch wenn es manchmal anstrengend war. Sie war ja daran gewöhnt.

Als es wieder läutete, gingen die Kinder zurück in ihre Klassen. Adulesci blieb draußen noch eine Weile sitzen und genoss den Sonnenschein, der seine Haut angenehm wärmte. Dann stand er auf und ging zur Salzach, die in etwas fünfzig Meter Entfernung träge dahin floss.

Am Wasser war es kühler. Eine Weile spazierte er den Uferweg entlang. Auf der gegenüberliegenden Flussseite lag die Stadt Burghausen. Eine langgestreckte Burg, die längste Europas, zog Adulescis Blicke auf sich. Sie stand auf einem kleinen Hügel, von dem aus sie die ganze Gegend zu überwachen schien. Zu ihren Füßen lag die Altstadt. Die Häuser waren sehr bunt und lustig. Sie standen Mauer an Mauer. Dem Albino kam es so vor, als ob sie sich wie Küken um die Henne drängten. Vor allem die vielen Bäume und Sträucher, die den Berg hinauf wuchsen, gefielen ihm sehr. Die Burg und die Häuser passten sich sehr gut in die Umgebung ein. Ja, sie schienen förmlich mit ihr verbunden zu sein. Eine Weile stand er nur da, und genoss den Anblick.

Kurze Zeit später kam er zu einer Art Sandbank. Steine und Sand hatten sich aufgeschüttet und bildeten eine kleine Landzunge, die in den Fluss hineinragte.

Adulesci ging hinunter und hob ein paar Steine auf. Wie schön sie waren! Jeder Stein hatte eine andere Form und andere Farben. Es gab bunte und einfarbige. Mit Muster und ohne. Manche sahen aus wie Tiere. Er entdeckte einen Stein, der wie ein Hommel aussah. Diesen steckte er ein, um ihn später Lara zeigen zu können.

»Was machst du da? Hast du keine Schule?«

Adulesci hatte den Mann nicht bemerkt, der mit einem komischen Ding in der Hand etwas weiter entfernt am Uferrand stand.

»Nein, ich habe keine Schule.«

Er betrachtete ihn genauer. Der Mann war schon alt. Er hatte weißes Haar und viele Falten im Gesicht. Seine kleinen blauen Augen funkelten vergnügt. Überhaupt wirkte er sehr freundlich. Er erzählte dem Albino, dass er hier war, um zu fischen. Dafür hatte er auch diese Angel. Aber heute hätte er noch nichts gefangen. Er legte die Angel zur Seite und ging zu Adulesci hinüber.

»Sammelst du Steine?«, wollte der Mann wissen. »Ich bin als Junge oft hierher gekommen und habe nach interessanten Steinen gesucht. Sie haben alle Gesichter und scheinen etwas sagen zu wollen. Sieh dir diesen hier an.« Er hob einen Stein auf. »Sieht er nicht wie jemand aus, der gerade etwas angestellt hat und hofft, dass es keiner merkt?«

Adulesci betrachtete ihn. Tatsächlich sah der Stein irgendwie verlegen drein. Darauf hatte er nicht geachtet. Ihn hatten die Steine nur an andere Dinge erinnert, Hommel zum Beispiel und andere Tiere. Aber dass sie auch Gefühle ausdrückten, hatte er nicht bemerkt. Als er sich weiter umsah, entdeckte er lustige und traurige, ängstliche und stolze, strenge und nette Steine. Er zeigte sie dem alten Mann, der sich inzwischen auf einen Felsbrocken gesetzt hatte und Adulesci leise lächelnd zusah.

Später zeigte er dem Albino noch, wie man Steine über das Wasser hüpfen ließ. Doch so sehr Adulesci sich auch bemühte, es klappte nicht so richtig. Viel lieber sah er dem Mann zu, der die flachen Steine mit einer kurzen schnellen Handbewegung hüpfen ließ. Bis zu siebenmal, zählte der Albino, bevor sie endgültig untergingen.

Mittlerweile war es schon sehr spät geworden. Adulesci verabschiedete sich, es war Zeit zur Schule zurückzukehren. Er kletterte die Uferböschung hinauf und ging den Weg zurück, den er gekommen war. Als er sich noch einmal umblickte, sah er, dass der alte Mann wieder fischte. Grüßend hob der Albino eine Hand und winkte ihm zum Abschied zu: »Petriheil!«

»Petridank!«, erwiderte dieser.

Schon bald hatte er die Schule erreicht. Durchs Fenster konnte er Lara erkennen. Auch sie sah ihn und lächelte ihm zu. Dann zeigte sie ihm beide Hände mit ausgestreckten Fingern. Noch zehn Minuten dauerte der Unterricht. Der Albino nickte und überlegte, was er inzwischen tun wollte. Er ging zur Schulwiese und setzte sich. Er liebte den Geruch des Grases und der Blumen. Jetzt hatte er Zeit, sich ein wenig auszuruhen und nachzudenken. Noch einmal zog in seinen Gedanken alles vorbei, was er, seit er bei den Menschen angelangt war, erlebt hatte. So viel war inzwischen passiert, doch die Helle Seite hatte er immer noch nicht gefunden. Wie ging es seinen Freunden? Was tat Hyd gerade? Wartete er noch immer auf ihn?

Eine Glocke läutete und unterbrach seine Gedanken. Die Schule war zu Ende. Die Kinder packten ihre Sachen in die Schultaschen, zogen ihre Jacken und Straßenschuhe an und rannten hinaus. Das Wochenende war da! Adulesci ging zu Lara, die sich mit einigen Freundinnen unterhielt. Sie fragte den Albino, was er inzwischen gemacht hatte. Er erzählte von seinem Spaziergang und dem alten Mann, den er getroffen hatte, und der ihm beigebracht hatte, wie man Steine über das Wasser hüpfen ließ. Er zeigte ihr auch die Steine, die er mitgebracht hatte, den, der aussah wie ein Hommel und die Steine, die Gefühle ausdrückten: den Verlegenen, den Ängstlichen, den Strengen und den Lustigen. Doch Lara fand, dass sie nicht anders aussahen als andere Steine und vor allem keineswegs ängstlich oder streng oder lustig dreinblickten. »Du spinnst ja!«, meinte sie.

Adulesci war gekränkt.

Mittlerweile war der Bus gekommen. Sie stiegen ein. Schweigend saßen sie eine Weile nebeneinander. Dann wurde das Schweigen von Lara durchbrochen: »Es tut mir leid. Aber ich kann wirklich nichts Besonderes an den Steinen finden. Nur den, der wie ein Hommel aussieht, finde ich schön. Aber die anderen sind ganz normale

Steine. Ich weiß, dass sie für dich etwas Besonderes sind. Es tut mir leid, dass ich mich darüber lustig gemacht habe. Sind wir wieder Freunde?«

Adulesci nickte. »Freunde.«

Lara erzählte ihm, was sie nach der großen Pause gemacht hatten.

Bald waren sie zu Hause angekommen. Ihre Mutter hatte Karl bereits vom Kindergarten abgeholt und das Essen gemacht. Hungrig setzten sie sich an den Tisch und aßen zu Mittag.

Danach gingen sie nach draußen. Auch Karl kam mit. Adulesci zeigte ihm die Steine, die er mitgebracht hatte. Sie gefielen Laras Bruder sehr. »Oh, sieht der aber lustig drein. Und dieser hier scheint sehr traurig zu sein. Worüber bist du denn traurig?«, wandte Karl sich an den Stein.

Lara hörte ihm verblüfft zu. Sie betrachtete die Steine noch einmal, doch sie sahen unverändert aus. Ein trauriger Stein? Das war doch Blödsinn. Und warum konnten es Adulesci und Karl sehen? Der Albino hatte dem Jungen nichts davon gesagt, dass es Steine mit Gefühlen waren. Karl hatte es selbst bemerkt.

Sie saßen im Gras. Karl spielte mit den Steinen. Lara und Adulesci betrachteten die Wolken, die am Himmel vorüber zogen. Lara liebte es, ihnen zuzusehen, wie sie die Form veränderten. Bald waren es Hunde, Katzen, Vögel oder andere Tiere, dann kleine Männchen. Auch Drachen konnten sie erkennen.

»Diese hier sieht aus wie Hyd.« Adulesci deutete auf eine Wolke.

»Tatsächlich. Sie sieht lustig aus.«

»Hyd ist auch lustig«, wehmütig dachte der Albino an seinen Freund.

»Und diese da ist ein Barri!«

»Hier sieh mal, ein Nilpferd!« Lara zeigte auf eine Wolke links neben der, die wie ein Barri aussah.

Die Wolken wurden immer dichter, der Himmel bedeckter. Es sah nach Regen aus.

»Erzähl mir eine Geschichte«, bat Karl Lara.

»Was für eine Geschichte?«

»Oh, irgendeine. Das Märchen von Hänsel und Gretel.«

»Es war einmal ...«, fing Lara zu erzählen an.

Gerade als die Kinder bei dem Hexenhaus angekommen waren, fielen die ersten Tropfen. Adulesci betrachtete besorgt die grauen Wolkentürme, die den Himmel bedeckten. Es war besser, ins Haus zu gehen. Schnell liefen sie hinein. Als sie die Türe hinter sich geschlossen hatten, regnete es bereits in Strömen.

Sie gingen in Laras Zimmer und Lara erzählte das Märchen zu Ende. Das Trommeln der Regentropfen auf dem Dach machte Adulesci schläfrig. Laras Stimme vermischte sich mit dem Regen zu einer leisen Musik. Er schlief ein.

Von einem lauten Knall wachte er auf. Er hörte Lara schimpfen: »Sieh nur, was du wieder angestellt hast. Geh sofort hinaus!«

Kleinlaut verschwand Karl. Adulesci sah sich um. Karl hatte den Inhalt eines Schuhkartons auf dem Boden verstreut. Lara schimpfte noch immer vor sich hin. Der Albino half mit, die Sachen einzusammeln. Was waren das für Dinge? Er fragte seine Freundin danach.

»Oh, das sind lauter Sachen, die ich schon lange aufbewahre. Das da zum Beispiel ist eine Eintrittskarte. Mein erster Kinobesuch. Sie nahm sie in die Hand. Mann, war ich aufgeregt. Es war ein Asterix-Film. Ich bin gemeinsam mit meinem Papa und meiner Mama hingegangen. Und das da, das sind Ansichtskarten. Die haben mir meine Freundinnen aus dem Urlaub geschickt.« Sie sah sich alle noch einmal an.

»Was sind das?« Adulesci zeigte ihr ein kleines Säckchen mit bunten Glaskugeln.

»Das sind Murmeln. Die habe ich von meiner Tante bekommen. Früher habe ich viel damit gespielt.«

»Bist du das etwa?« Der Albino hielt eine Fotografie in die Höhe.

»Ja, da bin ich fünf Jahre alt. Es wurde im Kindergarten aufgenommen. Aber es müssen noch andere Fotos da sein.« Suchend sah sie sich um.

»Und das? Was ist das?« Adulesci hielt eine halbrunde mit einer komischen schwarzen Schicht überzogene Scheibe in der Hand. Er versuchte, sie abzuwischen, aber es klappte nicht.

»Der Dreck geht nicht ab. Ich habe es auch schon versucht.« Lara betrachtete die Scheibe. Nur an einigen Stellen konnte der Albino fahle weiße Flecken erkennen. Einer war am oberen Ende, in der Nähe eines Loches, an der eine Kette angebracht war. Diese bestand aus feinen silbernen Gliedern. Und diese Kette war das Einzige, das seine Farbe nicht verlor, als Adulesci sie berührte. Verblüfft ließ er sie durch seine Finger gleiten. Auch Lara betrachtete sie erstaunt. »Ich habe es von meiner Großmutter bekommen, bevor sie starb. Sie sagte mir, dass ich gut darauf aufpassen müsse, und so habe ich sie in die Schachtel gegeben. Es sei etwas ganz Besonderes. Aber es fehlt noch eine Hälfte.« Lara blickte sich um. Unter einem gepressten gelben Ahornblatt entdeckten sie es dann. Diese halbrunde Scheibe war weiß, strahlend weiß.

»Damals, als meine Oma sie mir schenkte, waren sie schon zerbrochen. Sie hat mir erzählt, dass früher beide Scheiben strahlend weiß waren, so weiß, wie diese hier.« Sie deutete auf die eine Hälfte. »Und es waren nicht zwei halbrunde Scheiben, sondern ein Kreis, und dieser leuchtete in der Nacht. Es ist ein Anhänger, den Oma immer um den Hals getragen hatte. Eines Tages zerbrach er dann. Sie wusste nicht, warum und war sehr unglücklich darüber. Sie hoffte immer, dass der Anhänger eines Tages wieder ganz sein würde. Übrigens, sie hieß auch Lara, so wie ich.«

Konnte das Mond sein? Adulesci betrachtete die beiden Hälften. Mond war zerbrochen und die Helle Seite verschwunden. Aber es war so klein, viel zu klein, um seine Welt zu sein. Er dachte an die Wüste, an die Seen und an das große Massiv. Auch an die Städte der Barris unter dem Meer. Das Schmuckstück hatte in seiner Hand leicht Platz. Und doch, warum eigentlich nicht? Er hatte schon so viel Seltsames erlebt. Warum sollte seine Welt nicht der Anhänger sein? Der fahle Fleck am oberen

Ende, gleich neben dem Loch, durch das die Kette führte, konnte das nicht der Turm der weißen Muscheln sein. Der Platz, zu dem die Barris mindestens ein Mal in der Woche kamen, um Licht zu tanken, das sie von Helioskraka bekamen und ohne das sie nicht leben konnten? Und das Loch selbst, durch das die Silberkette führte? War es vielleicht das Tiefe Wasser, in das schon viele Barris hinuntergetaucht und nicht mehr zurückgekommen waren? Das bodenlose Loch, das sie eingezäunt hatten? Konnte diese Scheibe wirklich Mond sein?

Adulesci spürte große Erregung. Hatte er sein Ziel erreicht?

»Wie heißt es? Wie hat deine Oma den Anhänger genannt?« Seine Stimme zitterte vor Anspannung.

»Das Medaillon?« Lara dachte nach. Nein, ihre Oma hatte nie seinen Namen erwähnt. Erst als sie es ihr übergab, kurz bevor sie starb, hatte sie so etwas wie einen Namen genannt. Aber es war so undeutlich gewesen. Wie hatte sie gesagt? »Pass gut auf mein Medaillon auf.« Nein, Medaillon war es nicht gewesen. Irgendetwas Ähnliches.

»Ich weiß es nicht. Ich habe nicht richtig zugehört. Irgendetwas wie Medaillon. Hm …« Nein, es hieß bestimmt nicht Medaillon. Das wusste Lara mit Sicherheit. Aber wie hatte Oma es dann genannt? Es war seltsam. Ein Name, der überhaupt nicht dazu passte, weil Lara ihn auf etwas ganz anderes bezog. Ein Name, den sie sofort wieder vergessen hatte.

Sie versuchte sich zu erinnern. Noch einmal stand sie vor dem Bett, in dem ihre Großmutter lag. Noch einmal hörte sie ihre Oma, wie sie sie zu sich rief. Sie spürte, wie sie ihr die beiden Scheiben in die Hände drückte und sagte: »Pass gut auf meinen Mondenschein auf.« Nein, nicht ganz. Mondenschein war es nicht, aber so ähnlich. Mondenvolk! Genau, jetzt hatte sie es: Mondenvolk hatte ihre Oma gesagt. Moment mal, hieß Adulescis Heimat nicht auch Mond? War das seine Welt, die er in seinen Händen hielt.

Sie sah ihn an: »Mondenvolk. Oma hat gesagt, ich soll auf Mondenvolk aufpassen.«

Ihre Blicke trafen sich und dann betrachteten beide die zerbrochenen Scheiben in Adulescis Händen. Lara spürte einen Kloß im Hals und schluckte. Sie hatte es völlig vergessen. Als ihre Oma ihr das Medaillon übergab, legte sie es in diese Schachtel und dort blieb es. Erst durch Karls Ungeschicktheit hatten sie es wiedergefunden und damit Mond und die Helle Seite.

Adulesci fühlte leichte Enttäuschung. Das war die Helle Seite. Er hatte sich etwas anderes vorgestellt, etwas Großartigeres. Die ganze Reise, alle Gefahren nur wegen eines zerbrochenen Medaillons? Aber er hatte die Helle Seite gefunden. Jetzt musste er sie nur noch mit nach Hause nehmen. Zweifelnd betrachtete er die kleine Scheibe. Wie sollte er wieder zurückkommen? Und wie konnte er das zerbrochene Medaillon reparieren?

Er fragte Lara danach.

»Meine Oma hat es bereits zu einem Juwelier gebracht. Das sind Menschen, die Schmuckstücke reparieren können. Aber es gelang ihm nicht. Es ist unmöglich, meinte er und gab es ihr zurück.«

»Was sollen wir jetzt machen?«, fragte der Albino mutlos.

»Erst einmal essen wir zu Abend. Das Abendessen muss bald fertig sein. Dann überlegen wir weiter.«

Sie gingen zu ihrer Mutter in die Küche. Karl deckte gerade den Tisch. Lara half ihm. Kurze Zeit später kam ihr Vater von der Arbeit nach Hause.

»Schlechtes Wetter«, schimpfte er und hängte seine nasse Jacke zum Trocknen auf. »Hallo, meine Lieben!«, begrüßte er dann seine Familie. »Tag, Adulesci.« Er setzte sich zu Tisch. »Hm, das riecht aber gut. Was gibt es denn heute zu essen?«

Genüsslich aßen sie das Abendmahl.

19. Mondenvolk

Gleich nach dem Abendessen gingen Lara und Adulesci wieder in Laras Zimmer. Sie betrachteten die beiden Scheiben. Lara nahm sie und legte sie vorsichtig aneinander. Nichts geschah. Sie fuhr mit den Fingern an der Bruchstelle entlang. Immer noch nichts.

»Vielleicht sollte ich es mal versuchen?«, meinte der Albino.

Vorsichtig berührte er die Kante beider Halbkreise, an der das Medaillon auseinandergebrochen war. Mit einem lauten Schrei sprang er zurück. Ein stechender Schmerz fuhr durch seine Hand in seinen Körper. Es war, als ob seine Finger brannten. Doch als er seine Hände betrachtete, konnte er nichts erkennen. Weder Brandblasen noch irgendeine Rötung. Lara sah ihn erschrocken an. Dann glitt ihr Blick zum Anhänger. Die beiden Halbkreise hatten sich an der Stelle verbunden, die der Albino berührt hatte.

»Es funktioniert!«, jubelte sie.

Adulesci betrachtete jetzt ebenfalls das Schmuckstück. Langsam vermengte sich das strahlende Weiß mit der geschwärzten Schicht der anderen Scheibe. Aber nur in dem Bereich, den er berührt hatte. Musste er die ganze Bruchstelle mit dem Finger entlang fahren? Zweifelnd betrachtete er es. Das würde er nicht überleben. Auch Lara sah den Albino besorgt an. Sie hatte den Schmerz auf seinem Gesicht gesehen. Aber auch sie wusste, dass ihr Freund die ganze Bruchstelle berühren musste, damit die Helle Seite sich mit Mond verband. Ihre Blicke trafen sich.

Der Albino schluckte: »Ich muss es zu Ende bringen. Und wenn es das Letzte ist, was ich tue.«

Lara nickte. Sie wussten beide, dass es keinen anderen Weg gab.

Adulesci streckte seine Hand aus. Doch kurz bevor er den Anhänger berührte, hielt er inne. »Ich danke dir für deine Hilfe.«

»Ach, das war doch gar nichts.«

»Doch, ohne dich hätte ich die Helle Seite nie gefunden und ich könnte Mond die Farben nicht zurückbringen.«

Lara lächelte ihm verlegen zu.

Adulesci fuhr mit seinem Finger zur Bruchstelle und berührte den Punkt, an dem sich die beiden Scheiben bereits verbunden hatten. Dann fuhr er weiter nach unten und glaubte, dass er sterben müsse. Feuer schien sich durch seinen Arm im ganzen Körper auszubreiten. Schweiß trat ihm auf die Stirn. Oh, diese Schmerzen!

Lara hatte beobachtete, wie sich sein Gesicht qualvoll verzog. Sie sah auch, wie ein roter Strahl, der wie Feuer aussah, aus dem Medaillon in den Körper ihres Freundes floss. Bald schon umstrahlte seinen ganzen Körper ein rotes Licht.

Lara schrie auf: »Adulesci!«

Der Albino hörte den Schrei. Er schien von weit her zu kommen. Das Brennen in seinem Körper war noch stärker geworden. Sein Finger war etwa bei der Hälfte der

Bruchlinie angelangt. Würde er den Rest noch schaffen? Millimeterweise bewegte er ihn vorwärts.

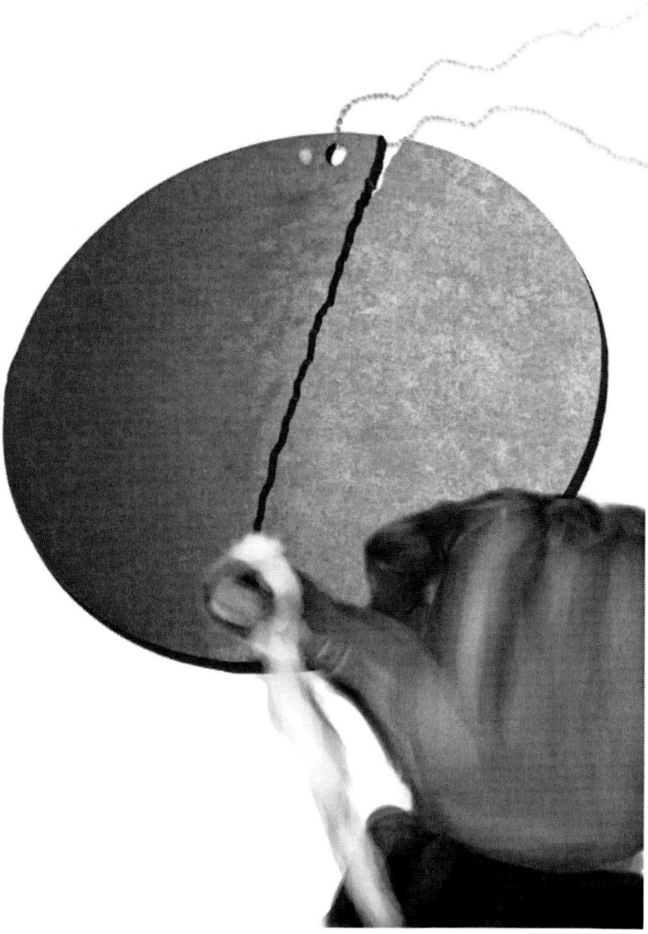

Und bei jedem Millimeter schien das Brennen noch zuzunehmen, und die Schmerzen verdoppelten sich. Er fühlte, wie das Leben allmählich seinen Körper verließ.

Wie viel Zeit blieb ihm noch? Er biss sich auf die Zunge und versuchte, schneller zu werden. Das Feuer schoss in seinen Kopf und löschte langsam alle Erinnerungen aus. Was machte er hier? Er sah den Anhänger, dessen beiden Seiten sich schon zu gut zwei Drittel verbunden hatten. Der Albino beobachtete, wie das strahlende Weiß der Hellen Seite die geschwärzte Schicht der anderen verdrängte. Verzückt beobachtete er diesen Vorgang.

»Du musst weiter machen! Schnell!«, schrie Lara verzweifelt ihrem Freund zu.

Weitermachen? Womit denn weitermachen?

»Adulesci! Nun mach schon!«

Adulesci? Dunkel erinnerte er sich an diesen Namen. Es war sein Name! Der Albino wusste, dass er irgendetwas Wichtiges erledigen musste. Sein Blick fiel auf die beiden Scheiben. Das Medaillon! Genau. Er musste es zusammenfügen. Sein Finger glitt weiter an der Bruchstelle entlang. Die Schmerzen fühlte er nicht mehr. Doch er wurde immer schwächer und langsamer. Er spürte, wie die Kraft aus seinem Körper wich. Kurz bevor er das Ende erreichte, hielt er erschöpft inne. Lara sah, wie die roten Flammen, die den Körper des Albinos umgaben, noch einmal hell aufloderten. Dann erloschen sie. Das Mädchen blickte sich um. Wo war Adulesci? Sie konnte ihn nirgendwo sehen. »Adulesci!«, rief sie laut. Doch niemand antwortete. Nur das Medaillon war noch da. Von ihrem Freund gab es keine Spur.

Sie betrachtete das Schmuckstück. Es schimmerte weiß in ihrer Hand. Die Helle Seite hatte das Dunkel der anderen verdrängt. Nur ganz am Ende war noch ein Riss und ein kleiner dunkler Fleck. Diesen Riss hatte Adulesci nicht mehr berühren können. Lara nahm das Medaillon und hängte es sich um den Hals. Wie mochte es wohl ihrem Freund gehen? War er wieder auf Mond? Schweigend betrachtete sie Mond. Auf dieser kleinen runden Scheibe lebten die Barris, das Seenvolk, die Vacs, die Albinos und alle anderen, von denen ihr Adulesci erzählt hatte, und die ihr so vertraut geworden waren. Hyd, der Hybride, Bo, der Barri, Vicki, das kleine Vacmädchen und alle anderen.

Behutsam umschloss sie es mit der Hand. Sie wollte es nie mehr ablegen.

20. Die Rückkehr

Als Adulesci wieder zu sich kam, wusste er nicht, wo er sich befand. Überall war es düster, trostlos, ja – es war farblos. Wo war er? Der Albino sah sich genauer um. Hinter ihm erhob sich ein hoher Berg, vielmehr war es nicht einer, sondern viele Berge. Das Massiv. Er war also wieder auf Mond. Doch es gab keine Farben. So sehr er auch um sich blickte, konnte er keine erkennen. War alles umsonst gewesen? Die ganze lange Reise?

Er seufzte tief. Noch einmal erinnerte er sich an das Medaillon, das er zusammengefügt hatte, an das rote Licht, das in seinen Körper geflossen war, und an die Schmerzen, die er dabei gespürt hatte. So sicher war er sich gewesen, dass er die Helle Seite gefunden und zurückgebracht hatte, aber hier konnte er keine Farben erkennen. Was war schiefgegangen?

Es dämmerte. Bald würde die Sonne aufgehen. Adulesci war sehr traurig. Wie oft würde sie noch aufgehen, bevor alles Leben auf Mond erloschen war?

»Adulesci!« Ein freudiger Schrei unterbrach seine düsteren Gedanken.

Der Albino blickte sich um. »Hyd!« Erfreut lief er seinem Freund entgegen.

»Adulesci! Du bist wieder zurück! Hast du die Seherin gefunden?«

»Ja, und auch Lara und die Helle Seite. Aber wie es scheint, habe ich sie nicht mit zurückbringen können. Obwohl ich mein Leben dafür gegeben habe. Alles ist umsonst gewesen. Die ganze Reise, alle Gefahren …« Mutlos ließ der Albino den Kopf hängen.

»Nun ja, aber immerhin bist du wieder da. Das ist ein Grund zum Feiern und nicht zum Traurigsein.« Hyd versuchte, seinen Freund aufzumuntern.

In diesem Moment ging die Sonne auf …

… und färbte den Himmel rot. Ja, richtig rot. Kaum berührte ein Strahl den Boden, wurde es grün. Alle Bäume, Sträucher, Tiere und Gegenstände, die von den Sonnenstrahlen erfasst wurden, erhielten ihre Farben zurück! Adulesci lachte laut. Er spürte, wie ihm ein schwerer Stein von seinem Herzen fiel.

»Sieh doch, Hyd! Die Farben sind wieder da! Die Farben!«

Freudestrahlend umarmte er seinen Freund. Gemeinsam tanzten sie auf der grünen Wiese. Und es kamen immer mehr Wesen Mondes, die laut jubelnd zu tanzen begannen. Alle Lebewesen auf ganz Mond tanzten, lachten und umarmten sich immer wieder.

Nur an einer einzigen Stelle, ganz am Ende von Mond blieben die Farben aus. Dort, wo Adulesci den Riss zwischen den beiden Seiten nicht mehr hatte beseitigen können, herrschte noch immer ein düsteres fahles Grau in Grau. Zu diesem Ort kamen von nun an oft Eltern mit ihren Kindern, um ihnen zu zeigen, was passieren konnte, wenn man nicht gut zueinander war, sondern hartherzig und nur an sich selbst dachte. Ein Schauer lief ihnen dann über den Rücken, wenn sie die farblose Gegend betrachteten, und jeder schwor sich, dass es nie wieder so weit kommen durfte, dass die Farben verschwanden.

Doch an diesem Tag gab es ein einziges großes Fest, und es dauerte bis zum Sonnenuntergang. Als die Sonne verschwand, wurden alle unruhig und warteten gespannt auf den nächsten Morgen. Würde die Sonne wieder aufgehen und die Farben mitbringen?

Und die Sonne kam auch am nächsten Morgen wieder und brachte die Farben mit und auch am übernächsten und überübernächsten .... bis ... ja, bis heute.

»Jetzt weiß ich, was der Schatz der Glückseligkeit ist!«, rief Adulesci aus und umarmte Hyd.

Illustrationen

Amon Kalagin, geboren 1997, beschäftigt sich schon seit vielen Jahren mit digitaler Kunst. Seine Spezialgebiete liegen im Bereich des 3-D-Modelling und im Game-Design. Seine Liebe zu Fantasy-Thematiken ließ ihn die Herausforderung annehmen, sich auf das Feld der Buchillustrationen zu begeben.

Amon Kalagin

Impressum

Dr. Michaela Pieringer
Mondenvolk
Die große Suche
Fantasy-Roman

1. Auflage
Juni 2014

ISBN Buch: 978-3-95683-042-6
ISBN E-Book PDF: 978-3-95683-043-3
ISBN E-Book epub: 978-3-95683-095-2

Korrektorat: Ulrike Rücker • ulrike.ruecker@klecks-verlag.de
Umschlaggestaltung: Ralf Böhm
info@boehm-design.de • www.boehm-design.de

Würzburger Straße 23 • D-63639 Flörsbachtal
info@klecks-verlag.de • www.klecks-verlag.de

Bibliografische Information der Deutschen Nationalbibliothek:
Die Deutsche Nationalbibliothek verzeichnet diese Publikation in der Deutschen Nationalbibliografie; detaillierte bibliografische Daten sind im Internet über http://dnb.d-nb.de abrufbar.

Unsere
Leseempfehlung …

Paula Luisa Andree
Löwenstunde
Kinder-/ Jugendbuch

TB • 98 Seiten • 10,20 €
ISBN Buch: 978-3-95683-020-4
ISBN E-Book PDF: 978-3-95683-021-1
ISBN E-Book epub: 978-3-95683-085-3

Oh nein! Die arme Shahita!

Als ihr Vater einen neuen Job angeboten bekommt, beschließen die Eltern, dass die Familie das geliebte Indien verlassen muss, um im fernen Afrika ein neues Leben zu starten. Während der jüngere Bruder Pipo ganz aufgeregt ist, bricht für Shahita eine Welt zusammen. Alles muss sie nun zurücklassen …

Wie soll man sich nur eingewöhnen in so einem fremden Land. Doch das neue Haus und vor allem ihr wunderschönes Zimmer helfen ihr sehr dabei. Und dann schließt sie eine ganz außergewöhnliche Freundschaft …

Unsere

Leseempfehlung …

Melissa Wähler

Das Geheimnis des Wolf Lake

Band 1

Fantasy-Roman

TB • 158 Seiten • 10,80 €
ISBN Buch: 978-3-95683-006-8
ISBN E-Book PDF: 978-3-95683-007-5
ISBN E-Book epub: 978-3-95683-082-2

Jussi und Selene …
… unbekümmert bestreiten sie, frisch verliebt und überglücklich, ihren Alltag in Schule und Familie. Jede freie Minute verbringen sie miteinander, so auch einen Tag kurz vor den Ferien. Ein gemeinsames Picknick auf einer Lichtung ist geplant, doch plötzlich bricht ein Gewitter los, beide werden von einem Blitz getroffen – und plötzlich ist alles anders …
Nicht nur, dass sie plötzlich fliegen können, nein, Jussi trifft auch noch auf ein Rudel Wölfe und wird von einem verletzt. Ganz allmählich verändert er sich …
… so wie alles um sie herum. Ein Wettlauf gegen die Zeit beginnt, ein schrecklicher Fluch lastet auf der jungen Liebe, und nur noch eine Walküre kann sie retten …